探索內在潛能

境況不盡如人意
就在逆境中前行

吳雅麗 編著

擺脫心理牢籠 ✕ 打破自我局限 ✕ 學會自我減壓
從情緒管理到人際相處，做個成熟愉快的大人

改變命運、樹立志向、面對不幸、
樂觀進取、情緒管理、人際關係、口才技巧……
選粹最貼切的勵志格言，助讀者緊抓各章節的主旨
大量事蹟和經典名言帶領讀者前行，進而理解命運掌握在自己手中

目錄

目 錄

第一章

掌控人生羅盤，做命運之舟的舵手

其實，命運對每一個人都是公平的

　　某歐洲國家有一位著名的女高音歌唱家，僅僅 30 歲就已經紅得發紫，譽滿全球，而且郎君如意，家庭美滿。

　　一次，她到鄰國來開獨唱音樂會，門票早在 1 年以前就被搶購一空，當晚的演出也受到了當地人極為熱烈的歡迎。

　　演出結束之後，歌唱家和丈夫、兒子從劇場裡走出來的時候，一下子被早已等在那裡的歌迷團團圍住。人們七嘴八舌地與歌唱家攀談著，其中不乏讚美和羨慕之詞。

　　觀眾中的大部分人都熟悉這位當紅歌唱家的經歷，所以有的人恭維歌唱家大學剛剛畢業就開始走紅，進入了國家級的歌劇院，成為扮演主要角色的演員；有的人恭維歌唱家 25 歲時就被評為世界十大女高音歌唱家之一；也有的人恭維歌唱家有個腰纏萬貫的某大公司老闆作丈夫，而膝下又有個活潑可愛臉上總帶著微笑的小兒子……

　　在人們議論的時候，歌唱家只是在聽，什麼話都沒說。

　　等人們把話說完後，歌唱家才平靜地說：「我要先謝謝大家對我和我的家人的讚美，我希望在這些方面能夠和你們共享快樂。但是，你們看到的只是一個方面，還有另外的一個方面沒有看到。那就是被你們誇獎的這位活潑可愛、臉上總帶著微笑的小男孩，不幸是一個不會說話的啞巴，而且，他還有一個姐姐在我的家裡，是必須長年關在裝有鐵窗的房間裡的精神分裂

症患者。」

歌唱家的一席話使人們震驚得說不出話來，你看看我，我看看你，似乎很難接受這樣的事實，但它卻是實實在在的現實。

這時，歌唱家又心平氣和地對人們說：「這一切說明什麼呢？恐怕只能說明一個道理，那就是上帝給誰的都不會太多。」

✍ 感悟

當我們兩隻眼睛都盯住幸福的招牌時，我們無法保留一隻眼睛注視自己，反省自己。其實，命運對每個人都是公平的，上帝給誰的都不會太多。所以，與其羨慕他人，怨天尤人，不如從自己的身上挖掘命運的瑰寶、上帝的恩賜。

✍ 格言

對每一外在不幸和內在困擾之最有效的慰藉即在於：去發現那些比我們更不幸的人。

—— 叔本華（Arthur Schopenhauer）

‖ 前途不在別人手中，拯救自己的只有自己

有一個人在屋簷下躲雨，忽然看見觀音正撐著一把傘從身邊走過。

這人連忙說：「觀音菩薩，普渡一下眾生吧，請帶我一程，

以解救我淋雨之苦，如何？」

　　觀音回答說：「我在雨裡，你在簷下，而簷下無雨，你無須我渡。」

　　於是，這人立刻跳出屋簷下，站在雨中說：「現在我也在雨中，該救我了吧？」

　　觀音又說：「你在雨中，我也在雨中，我不被淋，因為有傘；你被雨淋，因為無傘。所以不是我渡自己，是傘渡我。你要想渡，請找傘去。」說完便消失在雨中。

　　第二天，這人碰到了一件棘手的事，他又想到了觀音，便去廟裡祈求觀音。一進廟，發現廟裡觀音像前也有一個跪拜者，長得和觀音一模一樣。

　　這人走上前去問道：「你是觀音嗎？」

　　那位跪拜者答道：「我正是觀音。」

　　這人又問：「那你為什麼還自己拜自己？」

　　觀音笑道：「我也遇到了難事，但我知道，求人不如求己。」

✎ 感悟

　　有些人總認為冥冥之中的命運之神在左右著自己的人生，因此總是求助於神佛，求助於他人。其實，在人生的波濤中，首先想到的應該是自己，而不應是別人。因為靠別人是靠不住的，只有自己最可靠，拯救自己的只有自己。

> ### 🖋 格言
>
> 人，誰都想依賴強者，但真正可以依賴的只有自己。
>
> —— 德田虎雄

迷信命運者被捉弄，掌握命運者交好運

威爾遜是一位成功的商人，他從一個普普通通的事務所小職員做起，經過多年的奮鬥，終於擁有了自己的公司、辦公大樓，並且受到了人們的尊敬和羨慕。

一天，威爾遜從他的辦公大樓裡走出來，剛走到街上，就聽見身後傳來「嗒嗒嗒」的聲音 —— 那是一位盲人用竹竿敲打地面發出的聲響。威爾遜愣了一下，緩緩地轉過了身。

那盲人感覺到前面有人，連忙打起精神，在一個包裡摸索了半天，掏出一個打火機，放到威爾遜手裡，說：「先生，這個打火機只賣 1 美元，這可是最好的打火機啊。」

威爾遜聽了，嘆口氣，把手伸進西裝口袋，掏出一張鈔票遞給盲人，「我不抽菸，但我願意幫助你。這個打火機，也許我可以送給開電梯的小夥子。」

盲人用手摸了一下那張鈔票，竟然是 100 美元！他用顫抖的手反覆撫摸著錢。

威爾遜正準備走開，盲人卻拉住他，又喋喋不休地說：「您

不知道，我並不是一生下來就瞎的。都是 23 年前布林頓的那次事故！太可怕了！」

威爾遜一震，問道：「你是在那次化工廠爆炸中失明的嗎？」

盲人彷彿遇見了知音，興奮得連連點頭：「是啊是啊，您也知道？這也難怪，那次光炸死的人就有 92 個，傷的人有好幾百，可是頭條新聞哪！」

盲人想用自己的遭遇打動對方，爭取得到更多的錢。他可憐巴巴地說了下去：「說起來我真可憐啊！到處流浪，孤苦伶仃，吃了上頓沒下頓，死了都沒有人知道！」他越說越激動，「您不知道當時的情況，火一下子冒了出來，彷彿是從地獄中冒出來的！逃命的人群都擠在一起，我好不容易衝到門口，可一個大個子在我身後大喊：『讓我先出去，我還年輕，我不想死！』他把我推倒了，踩著我的身體跑了出去。我失去了知覺，等我醒來，就成了瞎子，命運真不公平啊！」

威爾遜冷冷地說道：「事實恐怕不是這樣吧？」

盲人一驚，用空洞的眼睛呆呆地對著威爾遜。

威爾遜一字一頓地說：「我當時也在布林頓化工廠當工人，是你從我的身上踏過去的！你長得比我高大，你說的那句話，我永遠都忘不了！」

盲人站了好長時間，突然一把抓住威爾遜，爆發出一陣大

笑，「這就是命運啊！不公平的命運！你在裡面，現在出人頭地了；我跑了出去，卻成了一個沒有用的瞎子！」

威爾遜用力推開盲人的手，用自己手中精緻的棕櫚手杖敲了敲地面，平靜地說：「你知道嗎？我也是一個瞎子。你相信命運，可是我不信。」

✍ 感悟

同樣的遭遇，為什麼會出現兩種截然不同的結果呢？關鍵就在於，他們對身處逆境的承受力和對命運的理解迥然不同。把命運交到上天手裡的人總被命運捉弄，自己把握命運的人則總是交好運。

✍ 格言

那些在生活經歷中學會了忍受痛苦，而不為痛苦所折服的人才是幸福的。

—— 尤維納利斯（Juvenal）

無論悲傷還是快樂，花兒都在努力地開

波特生長在沿海，一直靠海做生意。經過數年的打拚，他有了不菲的家業。為了進一步把生意做大，他與人合夥進了一大批貨，幾乎把所有的家當都押了進去。

　　天有不測風雲。無情的海浪把波特與合夥人的貨船掀翻了，他們所有的財產和夢想也隨之墜入了海底。波特經不起這個打擊，從此變得萎靡不振，神思恍惚。

　　與波特一起遭遇變故的人卻不同，他居然活得有滋有味，這讓波特很是不解，於是前去請教。

　　那人對波特說：「你咒罵，你傷心，日子一天天地過去；你快活，你歡樂，日子也一天天地過去，你選擇哪一種呢？」聽了這話，波特似有所悟，也開始快快活活地生活起來，生命也隨之亮麗起來。

　　過了幾年，波特想去學醫，可是又猶豫不決，就去問一個朋友：「再過 4 年，我就 44 歲了，能行嗎？」

　　朋友對波特說：「怎麼不行呢？你不學醫，再過 4 年也是 44 歲啊！」波特想了想，瞬間領悟了，第二天就去學校報了名。

　　後來，波特終於成了遠近聞名的大醫生。

🖋 感悟

　　有這樣一首詩寫道：「你知道，你愛惜，花兒努力地開；你不知，你厭惡，花兒努力地開。」是的，花兒總是在努力地開，美好的日子也一天天地在流逝，我們是欣喜地度過每一天，還是痛苦地捱過每一日，可全在於自己了。

> ✎ **格言**
>
> 即使最不幸的生活中也有陽光和明媚的時刻。
>
> —— 赫塞（Hermann Hesse）

‖ 只要心中有光，前途就會光明

　　孟先生是一家資產過億的企業集團董事長，他的桌子上擺放著一隻傷痕累累、鏽跡斑斑的手電筒。孟董事長一看到手電筒，就會想起那段永生難忘的往事。

　　那時，孟先生還很年輕，在一家國有工廠裡當幹部。5 年時間裡，他目睹了這間工廠一步步從興盛走向衰敗。但他無力回天，最後自己也失業了。

　　很長時間他都不敢出門，不與朋友連繫，也不去找工作。家庭的重擔驟然壓在了妻子身上。

　　朋友以前在郊區的市場上有一個攤位，孟先生失業以後，他的妻子把攤位頂了過來自己經營，每天起早貪黑地打理生意。回家的路上要經過一片荒地，沒有路燈，很少有人經過那裡，只有半個小時一班的公車。那天晚上，妻子給孟先生打電話，說自己沒有趕上最後一班車，讓丈夫去接。

　　孟先生費力地騎著腳踏車，妻子坐在前面的上管上，替他照著手電筒。夜，漆黑一片；路，崎嶇不平。妻子一隻手壓在

他的手上，另一隻手握著那隻鏽跡斑斑的手電筒。

「你還是出去做點事吧？」妻子試探著問。

孟先生顫抖了一下，車子一晃，手電筒滅了，兩個人重重地摔在了地上。

「你要我做什麼？」孟先生惱怒地問。

妻子站起身，開啟手電筒，幽幽地說：「天這麼黑，路又不平，而手電筒就這麼一點亮，但只要它開著，我們看見的就只有光 —— 你可不能讓我跟孩子走一輩子夜路啊！」

這句話狠狠地撞擊著孟先生的心。他扶起腳踏車，把妻子摟在懷裡⋯⋯

孟先生開始振作起來，創辦了自己的企業。之後，企業從小到大，終於成了資產過億的集團。

✎ 感悟

一時的困難並不可怕，怕的是因此失去生活的勇氣。勝不驕、敗不餒，心靈之光就會越來越亮。只要心中有光，前途就會光明，人生就會充滿希望。

✎ 格言

不幸時滿懷希望，順利時小心謹慎。

—— 賀拉斯（Horace）

掌握命運之舟的舵輪，自己為自己加油

　　一位名不見經傳的年輕人，第一次參加馬拉松比賽就獲得了冠軍，並且打破了世界紀錄。

　　他衝過終點後，新聞記者蜂擁而至，團團圍住他，不停地提問：「你是如何取得這樣好的成績呢？」

　　年輕的冠軍大口地喘著氣說：「因為、因為每天我跑步時，我的身後都有一隻狼。」

　　迎著記者們驚訝和探詢的目光，他接著說：「3 年前，我開始練長跑。訓練基地的四周是崇山峻嶺，每天凌晨兩、三點，教練就讓我起床，在山嶺間訓練。可是我盡了最大的努力，進步卻一直不快。

　　「有一天清晨，在訓練的途中，我忽然聽見身後傳來狼的叫聲，開始是零星的幾聲，似乎還很遙遠，但很快就急促起來，而且就在我的身後。我知道有一隻狼盯上了我，我甚至不敢回頭看一下狼離我還有多遠，只能沒命地跑著。結果，我那天訓練的成績好極了。後來教練問我原因，我說我聽見了狼的叫聲。教練意味深長地說，原來不是你不行，而是你身後缺少一隻狼。此時我才知道，那天清晨根本就沒有狼，我聽見的狼叫，是教練裝出來的。從那以後，每次訓練時，我都想像著身後有一隻狼緊緊追著我，我的成績突飛猛進。今天我比賽時，依然想像身後有一隻狼，就這樣，我打破了世界的紀錄。」

感悟

好的成績是自我激勵的結果，沒有自我激勵就等於將命運之舟的舵輪撒手不管，當然也就不可能成功。不需等待他人的督促和激勵，握緊命運之舟的舵輪，自己給自己加油。

格言

人啊！還是靠自己的力量吧！

—— 貝多芬（Ludwig van Beethoven）

永遠勤奮不懈的人，好運終會垂青

1648 年，在荷蘭的一個小鎮，有一位只有國中教育程度的青年，他找到的工作就是替鎮政府守大門。看門工作比較輕鬆，時間充裕，能接觸到各行各業的人。一個偶然的機會，他從朋友那裡得知有一種放大鏡，可以把微小的東西放大，使觀察者可以看得清清楚楚。他很想買一架，可又買不起。

由於出身手工藝人家庭，他的手工活做得不錯，他決定自己磨製放大鏡。他仔細觀察了眼鏡店磨製鏡片的過程，默記在心，回去便耐心磨起了鏡片。

他業餘時間一不下棋打牌，二不去泡酒館聊天，一有空閒便打磨鏡片。雖然又費時又費工，可他卻樂此不疲、興趣濃厚。

他後來從事了許多工作，當過酒類化驗員、政府小職員、

財產保管人等等，但他一直沒有放棄打磨鏡片。就這樣不停地磨呀磨，一直磨了 60 年。其中的艱辛、枯燥和乏味是可想而知的，如果沒有決心和毅力，是無法堅持下去的。

由於他的專注細緻和鍥而不捨，磨出的複合鏡片的放大倍數超過了當地的專業技師。憑藉自己研磨的鏡片，他研製出了顯微鏡，終於揭開了當時人們尚未知曉的微生物世界的「面紗」。

他一生製造了 491 架顯微鏡，這使他聲名大噪，被授予巴黎科學院院士的頭銜。英國女王訪問荷蘭時，還專程到小鎮拜訪過他。

創造這個奇蹟的「小人物」是誰呢？讀者也許會猜到，他就是後來成為著名荷蘭科學家的雷文霍克（Antonie van Leeuwenhoek）。他一直活到了 90 歲。

✎ 感悟

偉大的成就並不一定都締造於偉大的過程，只要專注細緻、鍥而不捨，同樣能創造偉大的成就。小人物數十年如一日堅持不懈，朝著一個目標努力，總有一天會實現目標，進而改變命運。

✎ 格言

對那個永遠勤精不懈的人，好運也一定會加以垂青。

—— 《五卷書》（*Panchatantra*）

‖ 從苦難中發現幸運，用感恩的心面對生活

英國科學家霍金（Stephen Hawking）由於患病成了一個全身癱瘓的人，他只有少數幾個手指可以活動。他要藉助電動輪椅代替雙腳，說話、寫字都要靠電腦合成器幫忙，閱讀也要別人把稿紙攤平在桌子上。但他卻寫出了《時間簡史》（*A Brief History of Time: from the Big Bang to Black Holes*）等著作，被稱為當今最傑出的科學家之一。

有一次，在學術報告結束之際，一位年輕的女記者面對這位已在輪椅上生活了 30 餘年的科學巨匠，深深景仰之餘，又不無悲憫地問：

「霍金先生，盧伽雷病（Lou Gehrig's disease，肌萎縮性側索硬化症）已將你永遠固定在輪椅上，你不認為命運讓你失去太多了嗎？」

這個問題顯然有些突兀和尖銳，報告廳內頓時鴉雀無聲，一片寂靜。

人們的眼光都集中到霍金身上。霍金的臉龐卻依然充滿恬靜的微笑，他用還能活動的手指，艱難地叩擊鍵盤，於是，隨著合成器發出的標準倫敦音，寬大的投影幕上緩慢然而醒目地顯示出如下一段文字：

「我的手指還能活動，我的大腦還能思維；我有終生追求的理想，有我愛和愛我的親人和朋友；對了，我還有一顆感恩的

心……」

心靈的震顫之後，掌聲雷動。人們紛紛擁向臺前，簇擁著這位非凡的科學家，向他表示由衷的敬意。

人們深受感動的，並不是因為他曾經的苦難，而是他面對苦難時的堅守、樂觀和勇氣。

✎ 感悟

生活中誰都會遇到挫折和不幸，但千萬不要認為自己就是個「不幸兒」、「倒楣蛋」。珍惜自己的所有，用一顆感恩的心面對生活，世界將會充滿陽光。

✎ 格言

我曾經哀嘆，因為我失去了鞋子；但是就在街上，我遇到了沒有腳的男子。

—— 卡內基（Dale Carnegie）

‖ 如果境況不盡如人意，只能想法去改變

在人的一生當中，挫折和失敗是在所難免的，重要的不是避免挫折和失敗，而是要正視挫折，在挫折面前採取積極進取的態度。

一天，美國南卡羅萊納州一個學院的學生正準備聽一位重

要人物發表演說。這個學院規模不大，整個禮堂坐滿了學生，他們為有機會聆聽一個大人物的演說而興奮不已。

演講開始，只見一位女士走到麥克風前，掃視了一遍聽眾，說：

「我的生母是聾啞人，因此沒有辦法說話；我不知道自己的父親是誰，做什麼的，也不知道他是否還在人間。對我來說，生活如此的艱辛，而我這輩子的第一份工作，就是到棉花田去做事。」

臺下一片寂靜，聽眾顯然都震驚了。

「如果情況不盡如人意，我們只能想辦法加以改變。」她繼續說，「一個人的未來怎麼樣，不是因為運氣，不是因為環境，也不是因為生下來的狀況。」

她重複著方才說過的話，「如果情況不盡如人意，我們只能想辦法加以改變。」

「一個人若想改變眼前充滿不幸或無法盡如人意的情況，那他只要回答這樣一個簡單的問題：『我想讓情況變成什麼樣？』確定你的希望，然後就全身心投入，採取行動，朝著你的理想目標去做即可。」

隨後她的臉上綻出美麗的笑容，「我的名字叫阿濟泰勒·摩爾頓，今天我以美國財政部長的身分，站在這裡。」

> ### ✎ 感悟
>
> 　　人的一生中總會碰上情況不盡如人意的時候，這一點似乎無從改變，可以改變的只有不如意的情況。好呀，人生的不幸既已客觀存在，如果我們坐等改變，那永遠也不可能實現。只有自己去努力，才會改變不幸的命運。

> ### ✎ 格言
>
> 　　我要扼住命運的咽喉，它絕不能使我完全屈服。
>
> 　　　　　　　　　　　　　　　　　　── 貝多芬

▌改變命運，就要徹底打造一個新我

　　世界上最溫馴的動物要屬兔子，牠只吃青草，從不傷害其他動物。可是，兔子卻時常遭受到老虎、狐狸等其他動物的襲擊。兔子覺得這樣很不公平，於是就請求上帝改變一下自己的命運，牠不想再做兔子了。

　　仁慈的上帝馬上答應了兔子的請求，「好吧！你想要變成什麼動物呢？」

　　兔子說：「變成一隻在天空中展翅飛翔的鳥，這樣一來，地上的老虎、狼等就再也逮不著我了。」

　　上帝便把兔子變成了一隻會飛的鳥。過了幾天，鳥又來向上帝訴苦：「仁慈的上帝呀，我也不想做鳥了！在天上，老鷹能

叼住我；在樹上，毒蛇能咬死我，簡直沒有我安生的地方！」

上帝於是問鳥：「那麼，你想做什麼呢？」

鳥說：「我想成為大海裡能游動的一條魚，這樣一來，我便能躲避開老鷹、毒蛇了。」

這回上帝又滿足了鳥的要求。可是，魚在大海裡卻不能自由自在地生活，牠必須時時防備著大魚對牠的侵襲。因此，牠漸漸不滿足於自己的處境，開始嚮往人的生活。魚認為人是萬物之靈，他們居住在堅固的房子裡，擁有先進的武器，任何猛獸都傷害不了他們，而且人還可以捕獲到凶猛的野獸以供自己觀賞，還可以獵取動物，使之成為美味佳餚。於是，魚便請求上帝把自己變成人。

上帝同樣滿足了魚的意願，把牠變成了人。可是不久，人又來向上帝訴苦：「人類爆發了流血的戰爭，無數士兵互相廝殺，廣大難民餓莩遍野，到處都是屍體、廢墟……人間已成為地獄。」

上帝對人說：「既然人間這樣苦難深重，那麼你想怎樣呢？」

人說：「我想脫離人間，變成上帝。」

這次上帝沒有答應人的要求，他說：「上帝只有一個。」

感悟

　　每個人都是自己命運的主人，而不是命運的奴僕，當命運多舛時，就要積極地改變命運，但不能只是一味追求形式上的改變。首先應該深刻地省視、反思自己，然後再重新塑造自我，這樣才能最終真正地改變自己的命運。

格言

　　沒有人會改善你們的命運，如果你們自己不去改善它。

　　　　　　　　　　　　　　　　　── 布萊希特（Bertolt Brecht）

發揮自己的長處，才是改變命運的坦途

　　有一個人，他有一頭驢子和一隻可愛的哈巴狗。

　　驢子關在欄圈裡，和別的驢子一樣，草料豐足，有許多燕麥和乾草吃。

　　哈巴狗因為會耍許多把戲，主人非常喜愛牠，時常撫弄牠。出去吃飯時，總會拿點好吃的東西回來給牠吃。每當此時，哈巴狗就在主人面前高興地雀躍著，很得主人的歡心。

　　驢子正好相反，常常要到磨坊裡去推磨，從樹林裡拉木材回來，或者到農莊去運東西……總要做許多繁重的工作。

　　驢子常常悲嘆命苦。想起哈巴狗安逸又懶惰，卻反而能得到主人的喜愛，驢子的心裡很不平衡。

有一天，驢子掙斷韁繩，跳進主人的屋裡，肆無忌憚地亂踢亂跳，然後又在主人身邊學著哈巴狗跳起舞來。

牠原是想像哈巴狗一樣逗主人開心，從而改變一下自己目前的處境。牠踢壞了桌子，把桌上的碗碟也打得粉碎。後來，牠又去舔主人，還要爬到主人的身上去。

僕人們聽見奇怪的喧擾聲，跑來一看，見他們的主人非常危險，連忙救出主人，將驢子趕回欄裡去，毒打一頓。

驢子被僕人打得呻吟不止，哭泣道：「這一切後果全是我自己造成的呀！我為什麼不和我的同伴安心地工作，而去學小哈巴狗呢？」

✎ 感悟

想透過一定方式改變自己的命運是正確的，但切勿以己之短，學人所長。盲目地效仿別人，只會給自己招來麻煩。盡量發揮自己的長處，把自己做得來的事情做好，才是改變命運的正確途徑。

✎ 格言

模仿有方必有所得，盲目效尤定遭禍殃！

—— 克雷洛夫（Ivan Krylov）

幸福沒有絕對標準，人生要靠自己感受

在美國西部的一個村子裡，有兩個年齡相仿的男子：愛德華和艾肯。愛德華在成年後娶妻生子，他有四個孩子，日子過得很清苦；艾肯看到愛德華這樣辛勞，於是決定終身不娶，並且遠離家鄉，在外面潛心做生意，最後如願以償，成了一名富翁。

30 多年過去了，當年的年輕人都已經成了霜染雙鬢的中年人。經商在外的艾肯思念家鄉，就衣錦還鄉了。一路上，他意氣風發，感覺非常良好，心裡一直想著如何炫耀自己的成功與幸福。回家以後，艾肯經常四處串門子，在鄉人們的讚美聲中感覺自己是多麼幸福的一個人。直到有一天再次經過愛德華的家門，他才明白自己的幸福在愛德華面前是多麼的不堪一擊。

這是一個陽光明媚的午後，艾肯依舊在村子裡踱步。走過愛德華的家門，忽然聽見一陣笑聲 —— 是愛德華夫婦倆在笑。好奇的艾肯從門縫往裡瞧：愛德華的四個孩子正忙著把坐在躺椅裡的父母小心翼翼地搬到院子裡來，夫婦倆一臉的幸福，那笑是多麼地燦爛美麗！

艾肯忽然懷疑起自己來：我有什麼？我除了錢就是錢。沒有天倫之樂，沒有親情呵護……於是，艾肯拉住愛德華羨慕地說：「兄弟，你才是幸福的。你看我，除了錢什麼都沒有啊！」

這時，愛德華告訴艾肯：「幸福沒有絕對的標準，只要你心裡覺著自己很幸福，你就是幸福的。」

感悟

沒有人能說清楚有多少錢、有多少權算是得到了幸福，更沒有人能說清楚有多少親人、有多少兒女、有多少朋友算是得到了幸福，也沒有人能說清楚擁有多少感情算是得到了幸福……幸福是純粹的個人感受，它永遠沒有統一的標準。

格言

幸福，並沒有固定的含意，它是一種感覺。不同經歷和感受的人，對幸福的認知不同，理解也不同。

—— 穆尼爾・納素夫（Munir Nasuf）

不經磨難，就不會理解幸運與福分

有個天使時常到凡間幫助人們，希望因此感受到幸福的味道。

一次，天使遇見一個農夫，農夫愁眉苦臉地向天使訴說：「我家的水牛剛死了，沒牠幫忙犁田，我怎麼播種莊稼？」於是天使賜他一頭健壯的水牛，農夫很高興，天使在他身上感受到了幸福的味道。

天使繼續朝前走，不久他遇見一個男人，男人沮喪地向天使訴說：「我的錢被騙光了，回家的錢都沒有了。」於是天使給了他錢回家，男人很高興，天使在他身上感受到了幸福的味道。

過了幾天，天使遇見一個詩人，詩人年輕、英俊，有才華且富有，還有漂亮的妻子，但他卻整日煩惱。

天使問他：「我能幫你嗎？」

詩人對天使說：「我什麼都有，只缺一樣東西，你能夠給我嗎？」

天使回答說：「可以。你要什麼我都可以給你。」

詩人說：「我要的是幸福。」

天使一時有些為難，思索了片刻後說：「我明白了。」隨後，天使拿走詩人的才華，毀去他的容貌，奪去他的財產和他妻子的性命。天使做完這些事後，便離去了。

一個月後，天使再回到詩人的身邊，詩人正餓得半死，衣衫襤褸地躺在地上掙扎。於是，天使把他的一切還給他，隨後又離去了。

半個月後，天使再去看望詩人。這次，詩人摟著妻子，不住地向天使道謝。因為，他得到幸福了，他感到自己是最幸運的。

🖎 感悟

幸福沒有標準答案，幸福是一種感覺，幸福與否取決於自己的心態。如果人們擁有一切，還不覺得幸福，那只好讓他一無所有，然後在重新得到失去的東西時，拾回幸福的感覺。

> ### ✎ 格言
>
> 　　一個人若不經歷困難險阻，沒有體驗過緊張情感，就不會理解幸福。
>
> 　　　　　　　—— 蘇霍姆林斯基（Vasyl Sukhomlynsky）

‖ 做有益社會的事，就會有幸福人生

　　有一個富甲一方的人，卻對一塊糖情有獨鍾。原來，他年幼時家境貧苦，從來沒有吃過糖塊。一次在路上，一個好心人給了他一塊糖。他不知道那種滋味就是甜，只是感受到了一種從來沒有過的幸福感覺。

　　後來，這個窮孩子靠自己的努力成為了大富翁，同時也成為了遠近聞名，樂於幫助窮人的大善人。他說：「每次幫助一個人，我都會想起當初的那塊糖，那種感覺一下子就會甜到心窩。」現在，他吃什麼、喝什麼、享受什麼，都沒有了當初那種甜到心窩的感覺，只有幫助別人，才能讓他找到當初那塊糖的感覺。

　　對於這位富翁來說，他幸福的方式就是找到那種甜到心窩的感覺 —— 廣做善事，回報孩提時代第一次吃到一塊糖所得到的幸福。他不斷地幸福著，被他幫助的人也不斷地幸福著。

　　與這位富翁的幸福相近的，還有下文中的這對老夫婦。

在聖塔莫尼卡（Santa Monica）的海灘上有一對印度老夫婦。

一天，天空很藍，海面翻捲著白浪。在一個高出海灘的土坡上，有成群的白色海鳥起起落落，那對老夫婦正在從小麻袋裡掏出食物餵牠們。

看得出來，老夫婦和這些海鳥很熟，因為幾乎每一隻鳥他們都能叫得出名字來，還指指點點地對身邊好奇的人們說哪隻鳥最調皮，哪隻鳥最近剛做了媽媽。

原來，老夫婦住在這裡已經 7 年多了，7 年中的每一天下午，他們都會來餵海鳥。「我們都覺得這是生命中的幸福時光。」老夫婦說，「大自然這麼美，我們覺得只有做點什麼才能回饋。」

🍃 感悟

用自己有限的力量去幫助別人、回報社會，找到心中的安寧和快樂，幸福的感覺就會到來。因為人人都是社會中的一分子，只有整個社會進步，個人才能找到幸福。

🍃 格言

我們愈是使別人幸福，我們自己也就愈幸福。

—— 費爾巴哈（Ludwig Feuerbach）

‖ 沉迷於身外之物，就踏入了人生失誤

　　皮克住在一座破廟裡，他是地球上最快樂的乞丐。可是有一天，皮克臉上的快樂突然丟失了。這是因為，有一天，皮克在回破廟的路上撿到一袋金幣，準確地說是 99 塊金幣。

　　撿到金幣的那個晚上，皮克非常快樂。「我可以不再是乞丐了，我有了 99 塊金幣！這夠我吃一輩子啊！99 塊，哈！我得再數數。」皮克怕這是一個夢，不敢睡覺，直到第二天太陽出來時他才相信這是真的。

　　第二天，皮克很晚也沒有走出破廟，他要把這 99 塊金幣藏好，而這可真的需要費一番工夫。「這錢不能花，我得好好存著。可是，為什麼是 99 塊呢？要是擁有 100 塊金幣就好了。我要擁有 100 塊金幣。」從來沒有什麼理想的皮克現在開始有了理想。他還需要一塊金幣，這對一個乞丐來說，絕對是一個非常遠大的理想。

　　中午了，皮克才出去討飯。不，不是討飯，而是討錢，一分一分的。中午他很餓，只討了一點剩飯。下午，他很早就「收工」了，他得用更多的時間守著他的金幣。

　　「還差 97 分。」晚上，皮克反覆地數著金幣，他開始忘記了飢餓。

　　一連幾天，皮克都是這樣度過的。這樣過的日子裡，皮克就再也沒有吃飽過，同時也再沒有快樂過。

　　討錢越來越難。難的原因之一，是別人願意給剩飯而不願意給錢；其次是皮克用來討錢的時間越來越少了；此外更重要的是因為皮克不快樂了，別人也不願再施捨給他了 —— 誰願意面對一個滿臉苦相的人呢？

　　皮克越來越憂鬱，越來越苦悶，也越來越瘦弱了。終於有一天，他病倒了。而這一切的起因，全是因為他擁有了那 99 塊金幣。

✎ 感悟

　　當我們感到生活不愉快、不幸福時，很容易就會聯想到金錢，認為正是自己缺少金錢，因此才如此不幸福。我們會盼望著有一天可以發財，有了錢，就不會有這麼多的煩惱。如果誰真的迷戀於身外之物，那他無疑步入了人生的失誤。

✎ 格言

　　金錢只是幸福的偽幣。

　　　　　　　　　　　　—— 龔固爾兄弟（Goncourt brothers）

▌無論波峰浪谷，都要珍視生命

　　胡春香是一個鄉下女子，與其他普通的鄉下女子一樣，她擁有一個溫馨、甜蜜的家，丈夫健壯高大、體貼入微，膝下一

對兒女活潑可愛、好學上進。

　　然而，胡春香卻是一個天生就無手無腳的人，她的手腳的末端看上去只是一個個圓禿禿的肉球。8歲那年，她想放棄生的權利。可是，由於身體沒有四肢的支撐，她竟然連死都不能。她用頭撞牆，結果也只是把自己弄得血肉模糊。後來，她又開始絕食。但當她看到母親傷心欲絕的樣子，想到了8年來母親撫養自己的艱辛，於是她便毅然決定活下去。

　　胡春香從拿筷子開始訓練起。她日復一日地訓練，兩個肉球上不知留下多少血痕，也不知磨出多少繭子。直到9歲那年，她終於用筷子夾起了第一口飯。

　　這以後，她又開始學走路。先將兩條腿直立於地面，努力保持身體的平衡，就這樣每天堅持訓練。不知摔過多少跤，流了多少汗水，身體與地面接觸的部位起過血泡又起厚繭。10歲那年，她終於學會走路了。

　　也就在這年，她開始渴望讀書。在父母及老師的幫助下，她終於如願以償，成了村上小學的一名插班生。於是，她把膠帶纏在腿上，不論寒暑和風雨，總是早早到校。寫字時，她得用手臂的末端先把筆夾住，然後再寫，付出比常人多數十倍的努力。就這樣，她上完小學，又上了國中。後來，她又自學了大專財務的課程。

　　1988年，一家工廠破格錄用她為會計，開始了她自食其力的生活。在廠裡，她的工作做得不比任何人差。

再後來，她像每一個女孩一樣，獲得了自己的愛情，組成了家庭，並孕育出了愛情的結晶。

儘管生活對胡春香似乎有欠公平，她也曾經多次想要結束自己的生命；可如今，她覺得生命是那麼珍貴，生活是那麼美好。

✎ 感悟

人的一生中，幸福與不幸並不是一成不變的。在人生的旅途中，不論你經歷了多少艱難，遭遇了多少不幸，只要生命尚在就要頑強地生存下去。珍視生命，努力打拚，自強不息，最終一定會改變命運，擁有屬於自己的幸福。

✎ 格言

生命是可貴的，任何人都不應忽視它，輕賤它。而應該珍視它、保重它。

—— 良寬

對熱愛人生的人來說，快樂就是生活的一點一滴

在迪河（River Dee）河畔住著一個磨坊主，他從早到晚總是忙忙碌碌，但卻像雲雀一樣快活地唱歌。附近的人們都喜歡談論他愉快的生活方式。終於，國王也聽說了他的事情。

「我要去找這個快樂的磨坊主談談。」國王說，「也許他會告訴我怎樣才能快樂。」

國王一邁進磨坊，就聽到磨坊主在唱：「我不羨慕任何人，不，不羨慕，因為我要多快活就有多快活。」

「我的朋友，」國王說，「我羨慕你，只要我能像你那樣無憂無慮，我情願與你換個位置。」

磨坊主笑了，給國王鞠了一躬。

「我肯定不和您調換位置，國王陛下。」他說。

「那麼，告訴我，」國王說，「什麼使你在這個滿是灰塵的磨坊裡如此高興、快活呢？而我，身為國王，每天都憂心忡忡，煩悶苦惱。」

磨坊主又笑了，說道：「我不知道你為什麼憂鬱，但是我能簡單地告訴你，我為什麼高興。我自食其力，我愛我的妻子和孩子，我愛我的朋友們。他們也愛我。我不欠任何人的錢。我為什麼不應當快活呢？這裡有這條迪河，每天它使我的磨坊運轉，磨坊把穀物磨成麵粉，養育我的妻子、孩子和我。」

「不要再說了。」國王說，「我羨慕你，你這頂落滿灰塵的帽子比我這頂金冠更值錢。你的磨坊給你帶來的，要比我的王國給我帶來的還多。如果有更多的人像你這樣，這個世界該是多麼美好啊！」

✎ 感悟

　　有的人刻意去找尋快樂，往往找不到，反而帶來更多的空虛和煩惱。回過頭來看看吧，其實，快樂就藏在平凡生活的一點一滴中。快樂的生活並不取決於錢財多少、地位高低，而取決於每個人如何看待快樂。

✎ 格言

　　對於平凡的人來說，平凡就是幸福。

—— 尼采（Friedrich Nietzsche）

第二章
樹立遠大志向，讓好習慣爲人生奠基

雄心是一個人邁向成功的第一要素

1976 年，當錢德勒和阿諾‧史瓦辛格（Arnold Schwarzenegger）在亞利桑那州德克郡的雙樹飯店共進午餐之時，史瓦辛格還沒有出名，飯店裡沒人能認出他是誰。

當時，史瓦辛格正在城裡為他和傑夫‧布里吉（Jeff Bridges）、莎莉‧菲爾德（Sally Field）合作的新片《保持飢餓》（*Stay Hungry*）做宣傳，那部影片票房表現平平。那時錢德勒是當地公民體育專欄的撰稿人，他的任務是透過對史瓦辛格的一對一採訪，為星期日特刊撰寫一篇人物專訪。

那個時候，錢德勒對史瓦辛格一無所知，更不知道他將來會成為大明星。錢德勒之所以要對史瓦辛格做一整天的專訪，純粹是上司的安排而已。

那天，最令人難忘的事情發生在共進午餐之時。錢德勒一邊吃一邊整理採訪筆錄，突然問史瓦辛格：「現在你既然已經完成了塑身計劃，接下來打算做什麼呢？」

史瓦辛格以極其平靜的語氣，就像在講述一個平淡無奇的旅行計劃一樣回答說：「我要做好萊塢票房冠軍。」

錢德勒驚呆了，懷疑史瓦辛格是否在開玩笑。因為，當時他的體型根本不像我們現在看到的那麼健美和修長，他整個人就像吹起來一樣，壯得像座小山。

錢德勒盡量裝得像史瓦辛格一樣平靜，繼續問道：「那麼，

你計劃如何成為好萊塢的明星呢？」

「就像我做塑身運動一樣，」史瓦辛格解釋道，「在頭腦中勾畫一個成功的自我，然後像他一樣生活，就像夢想已經成真。」

史瓦辛格在第二部電影《魔鬼終結者》（*The Terminator*）上映後就獲得了票房冠軍。

✎ 感悟

具有成功的雄心是一個人邁向成功的第一要素，有沒有這種雄心，是我們一生能否成功的關鍵。應該像史瓦辛格那樣，把成功的雄心作為自我激勵的良藥。

✎ 格言

雄心壯志是鼓舞人創立豐功偉業的最大刺激劑。

—— 色諾芬（Xenophon）

▌有了成功的意念，才會去思考、去進步

羅傑・羅爾斯（Roger Rawls）是美國紐約州歷史上第一位黑人州長，他出生在紐約聲名狼藉的大沙頭（Great Sandhead）貧民窟。這裡環境惡劣，充滿暴力，是偷渡者和流浪漢的聚集地。在這裡出生的孩子，耳濡目染，他們從小逃學、打架、偷竊甚至吸毒，長大後很少有人從事體面的職業。然而，羅傑・羅爾

斯是個例外，他不僅考上了大學，而且成了州長。在就職記者會上，一位記者對他提問：「是什麼把你推向州長寶座？」面對300多名記者，羅爾斯對自己的奮鬥史隻字未提，只談到他上小學時的校長——皮爾・保羅（Pierre Paul）。

1961年，皮爾・保羅被聘為大沙頭諾必塔小學（Nobuta Elementary School）的董事兼校長。當時正值美國嬉皮流行的時代，保羅走進大沙頭諾必塔小學的時候，發現這裡的窮孩子比「迷惘的一代」還要無所事事。他們不與老師合作，曠課、鬥毆，甚至砸爛教室的黑板。

皮爾・保羅想了很多辦法來引導這些學生們，可是沒有一個是奏效的。後來，他發現這些孩子都很迷信，於是在他上課的時候就多了一項內容——給學生看手相。他用這個辦法來鼓勵學生——當然，保羅校長絲毫也不迷信。

當羅爾斯從窗臺上跳下，伸著小手走向講臺時，皮爾・保羅說：「我一看你修長的小拇指就知道，將來你是紐約州的州長。」

當時，羅爾斯大吃一驚，因為長這麼大，只有他奶奶讓他振奮過一次，說他可以成為五噸重小船的船長。這一次，保羅校長竟說自己可以成為紐約州的州長，著實出乎他的意料。他記下了這句話，並且相信了它。

從那天起，「紐約州州長」就像一面旗幟，羅爾斯的衣服不再沾滿泥土，說話時也不再夾雜汙言穢語。

51歲那年，羅傑・羅爾斯終於成了州長。

✍ 感悟

當渴望成功、有了成功的欲望和意念的時候，人們才會去思考、去進步。當這種欲望和意念成為潛意識的時候，我們所有的思考和行為就都會配合它，朝著自己的目標前進。

✍ 格言

人若有志，萬事可為。

—— 塞謬爾‧斯邁爾斯（Samuel Smiles）

‖ 只有想不到，沒有做不到

博鰲亞洲論壇（Boao Forum for Asia）現在已經成為亞洲各國政要交流觀點、商討問題最為重要的場所，而促成論壇的「博鰲之父」則是民間企業家蔣曉松。

1989 年，蔣曉松第一次去中國海南，又因為偶然的機會到了博鰲。那裡江河湖海都有，還有三座山、三個島，風景美麗。

只匆匆一面，蔣曉松就再也忘不了博鰲。剛開始，他想投一筆資金把博鰲做成亞洲最好的旅遊度假區；不久，他又有了新的想法和更有價值的創意，就是把亞洲論壇搬到這裡。

自從有了創辦博鰲亞洲論壇這個願望之後，蔣曉松就全身心投入到了這個充滿挑戰和誘惑的使命之中。他開始馬不停蹄地在全球飛來飛去，四處遊說自己的想法。

　　1997 年 7 月，蔣曉松把日本前首相細川護熙夫婦和澳洲前總理霍克夫婦（Mr. and Mrs. Hawke）請到了海南，然後一起來到博鰲。在博鰲的一個小島上，他們一起吃著燒烤；晚上，兩位前首相、前總理和他們的夫人就住在蔣曉松開發博鰲的員工宿舍裡面。在這裡，他們達成共識，擬定了博鰲亞洲論壇的具體設想。

　　1998 年初，他們又將這個想法傳達給了當時的菲律賓總統羅慕斯（Fidel Valdez Ramos）。那年 9 月，三位前首相、前總理共同在菲律賓馬尼拉發表了博鰲論壇的宣言。

　　2000 年 11 月，他們在博鰲召開了亞洲論壇專家會議，對博鰲亞洲論壇的可行性進行論證。參加會議的 20 多個國家的專家都很激動，認為亞洲領導人能夠在這裡匯聚一堂，是非常有意義的一件事情。

　　馬來西亞總理馬哈地（Mahathir bin Mohamad）10 多年前就想做這件事情，今天這件事讓中國人做成了。亞洲在半個世紀以前有過一次萬隆會議（Bandung Conference），但那是一個一次性的會議，而博鰲亞洲論壇是定址、定期召開的會議。

　　一個總部設立在中國的國際性常設會議，這是此前從來沒有過的。蔣曉松做到了。

✍ 感悟

俗語說，只有想不到，沒有做不到。只要想做到，就能夠做到。想不到的人，永遠不可能做到；淺嘗輒止的人，也不可能做到；只有那些像得了魔症一樣想到底的人，才能做到。

✍ 格言

一個人只要有決心，就可以做一切事情。—— 阿爾貝蒂（Alberti）

種下什麼樣的志向，就會收穫什麼樣的果實

傑西・歐文斯（Jesse Owens）曾被稱為「跑得最快的人」。他出身在克里夫蘭（Cleveland）一個「物質貧乏，精神富有」的家庭。

一天，一位知名運動員到傑西所在的學校給孩子們演講，他叫查爾斯・帕多克（Charles Paddock），曾經被體育記者稱作「活著的跑得最快的人」。

帕多克與孩子們交談時說：「你們要做什麼？說出來，然後相信上帝會幫助你實現。」

小傑西看著帕多克，想道：我要做查爾斯・帕多克這樣的人。

演講結束後，在心中英雄的激勵下，傑西跑到運動教練那兒說：「教練，我有一個志向！」

　　教練看著這個瘦得皮包骨似的黑皮膚男孩，問道：「你的志向是什麼，孩子？」

　　「我要像帕克多先生一樣，成為跑得最快的人。」

　　「傑西，有一個志向很好，但要實現志向，你得要有階梯。」教練語重心長地說，「第一級是決心，第二級是投入，第三級是自律，第四級是心態。」

　　傑西·歐文斯把自己的腳伸向第一級，在大腦裡下了第一個決定：不管面對多麼大的挑戰，絕不放棄。其後，他投入了艱苦的訓練中，從未有一刻放鬆自己，挫折、失敗進一步激勵了他的鬥志。

　　後來，傑西·歐文斯果真成了100公尺短跑跑得最快的人，在奧運上獲得了四枚金牌。

☙ 感悟

　　種瓜得瓜，種豆得豆。把志向「種」在腦海裡，種的是什麼樣的志向，將來收穫的就是什麼樣的果實。要想成功，就一定要儘早地立下遠大的志向，把它「種」在腦海裡，並經常「澆水」、「施肥」，總有一天它會開花結果。

☙ 格言

你要有雄心壯志，江河也會向你俯首。

　　　　　　　　　　　　── 伊克巴爾（Muhammad Iqbal）

人生成就的大小，總是和抱負的大小成正比

有這樣一則令人難忘的真實的故事。

主角是個生長於舊金山貧民區的小男孩，從小因為營養不良而患有軟骨病，6歲時雙腿變成弓字型，而小腿更是嚴重地萎縮。然而，他幼小心靈中一直藏著一個沒人相信的夢，就是有一天要成為美式足球的全能球員。

他是傳奇人物吉姆‧布朗（Jim Brown）的球迷，每當吉姆所屬的克里夫蘭布朗隊（Cleveland Browns）和舊金山四九人隊（San Francisco 49ers）在舊金山比賽時，這個男孩便不顧雙腿的不便，一跛一跛地到球場去，為心中的偶像助威、吶喊。

13歲時，有一次他在克里夫蘭布朗隊和四九人隊比賽之後，在一家冰淇淋店裡終於有機會和心中的偶像面對面地接觸，那是他多年來所期望的一刻。

他大大方方地走到這位大明星的跟前，朗聲說道：「布朗先生，我是你最忠實的球迷！」

吉姆‧布朗和氣地向他說了聲謝謝。

這個小男孩接著又說道：「布朗先生，你曉得一件事嗎？」

吉姆‧布朗轉過頭來問道：「小朋友，請問是什麼事呢？」

男孩以一副自豪的神態說道：「我記得你所創下的每一項紀錄，每一次的成績。」

吉姆・布朗十分開心地笑了，然後說道：「真不簡單。」

這時小男孩挺了挺胸膛，眼睛閃爍著光芒，充滿自信地說道：「布朗先生，有一天我要打破你所創下的每一項紀錄。」

聽完小男孩的話，這位美式足球明星微笑地對他道：「好大的口氣！孩子，你叫什麼名字？」

小男孩得意地笑了，說：「奧倫塔爾，先生，我的名字叫奧倫塔爾・辛普森（Orenthal James Simpson）。」

奧倫塔爾・辛普森日後的確實現了他少年時所說的話，在美式足球場上打破了吉姆・布朗所創下的所有紀錄，同時創下了一些新的紀錄。

✎ 感悟

抱負能夠激發出令人難以置信的能力，抱負能夠改寫一個人的命運。一個擁人有了遠大的抱負，就能夠把看不見的夢想變成看得見的現實。一個人成就的大小，總是和抱負的大小成正比。

✎ 格言

抱負永遠是一種歡樂，是一種如地產一般可靠的財產。

—— 羅伯特・史蒂文森（Robert Stevenson）

有了渴望，沒有什麼事情做不成

80 多年前，美國紐澤西州的西奧蘭治（West Orange），一位看起來像個街頭流浪漢的人急匆匆地從貨艙走下了火車。

這個人叫愛德恩・巴恩斯（Edwin Barnes），他到西奧蘭治是來找大發明家愛迪生（Thomas Edison）的。別看他像個不名一文的流浪漢，他腦子裡的思想卻富可敵國。從鐵軌走向愛迪生辦公室的路上，他腦筋轉個不停。他想像著自己站在愛迪生面前，他聽見自己在請求愛迪生給他一個機會，實現他夢寐以求的人生目標，成為這位偉大發明家的事業合夥人。

誰都不知道他是怎樣說動了這位大發明家，總之，愛迪生最後把他留了下來。

巴恩斯在愛迪生的身邊工作，轉眼就過去了 5 年。在別人看來，他只是愛迪生的產業裡一顆不起眼的小螺絲，但在他自己的心中，他無時無刻不是愛迪生的合夥人，從他一到那裡工作開始，一直都是。

多年以後，巴恩斯再次置身於首度會見愛迪生的辦公室，也再次和愛迪生相對而立。但這一回，他的渴望已經成為現實——他真的成了愛迪生的合夥人，而不僅僅是個助手。

✎ 感悟

　　每個人的心中都有指向某種目標的渴望。這種渴望能夠轉化為追求的動力，專注於目標，不達目標誓不罷休。有了這種渴望，沒有什麼事情做不成，沒有什麼事情做不好。

✎ 格言

希望是引導人成功的信仰。如果沒有了希望，便一事無成。

—— 海倫凱勒（Helen Keller）

‖ 遵從內心的渴望，事業才有前途

　　比爾蓋茲（Bill Gates）小時候就非常聰明，尤其對新事物充滿了興趣，愛動手擺弄個什麼。

　　比爾蓋茲的父親是位著名的律師，母親是位教師，他們希望兒子將來能考進哈佛法學院，做一名優秀的律師。

　　比爾蓋茲 13 歲時就表現出了驚人的創造天賦。這一年，他為玩三連棋，編寫了他的第一個軟體程式。由此，比爾蓋茲對電腦的喜好簡直到了心醉神迷的地步。他說：「電腦太偉大了，你一旦操作了它，你就知道程式是不是在發揮作用。從別的事情上，你得不到這種快樂。」

　　然而，比爾蓋茲的父親對此並不感興趣，他依然堅持讓比爾蓋茲考法律。1973 年，比爾蓋茲考入哈佛大學學習法律。

　　入學後，比爾蓋茲陷入了極度困惑之中，因為他對法律提不起半點興趣。他置課業於不顧，依然投身到他喜愛的電腦中，與好友艾倫（Paul Allen）互相切磋，共同編寫程式，忙得不亦樂乎。1975 年，他們共同創辦了自己的公司。

　　1976 年，比爾蓋茲感到自己再也不能在學校學習枯燥無味的法律，不願再為此浪費大好時光了。他不顧父母親的再三反對，毅然從多少青年才俊夢寐以求的哈佛大學退學，投入到了他無比喜愛的電腦中。

　　從此，比爾蓋茲與微軟（Microsoft Corporation）踏上了飛速前進的列車。到 1995 年，比爾蓋茲個人淨資產開始名列世界第一。一直到今天，比爾蓋茲仍是世界前幾名的首富之一。同時，比爾蓋茲為世界 IT 產業和知識經濟的發展做出了巨大的貢獻，並對慈善事業捐助頗豐。

✎ 感悟

　　前輩的訓誨固然重要，自己的意願亦需遵從。古今中外，有不少傑出人物違背父輩家人的期望，遵從自己內心的渴望，從而成就了一番事業。因此，父親沒必要強求子從父業，兒子也沒必要一味順從。

✎ 格言

　　心中認定一個目標，無論他人如何責罵，自己只管前進。
　　　　　　　　　　　　　　　　　　── 塞・羅傑斯

‖ 出身不能決定前途，奮發可以改變命運

拿破崙（Napoleon）出身於窮困的法國科西嘉（Corsica）沒落貴族家庭，父親為了兒子能有所作為，把他送進了一所貴族學校。

拿破崙的同學大都是有錢有勢的貴族子弟，他們大肆嘲諷他的窮困。拿破崙非常憤怒，暗暗發誓一定要出人頭地，證明自己是最優秀的！

拿破崙發奮學習，不理會周圍的喧鬧與白眼，就這樣忍受了 5 年的痛苦。這 5 年之中，每一種嘲笑、每一種侮辱、每一種輕視的態度，都使他增加了決心，堅定了鬥志。靠著不懈的努力，在 16 歲那年，拿破崙榮升為少尉，並以全校第一名的成績畢業於貴族學校。

隨後，拿破崙接受軍事徵召來到部隊。到部隊以後，他發現周圍的同伴不務正業，卻以追逐女人和賭博為榮。由於自己經濟依然困難，再加上不善於逢迎拍馬，拿破崙不久即遭到同事排擠，被從少尉職位上擠了下來。

拿破崙不再理會他們無聊的遊戲，埋頭於圖書館中，決心要讓天底下所有的人都知道自己的才華。他大量閱讀哲學、軍事、名人傳記等著作。在部隊中，他孤寂、沉悶、憤怒，但是他頑強地堅持了下來，並勾畫著自己美好的未來。

在圖書館的這段歲月裡，拿破崙僅摘抄的筆記就累積了一

尺多厚。他把自己想像成一個總司令，把科西嘉島的地圖畫
出來，並清楚地指出哪些地方應當布置防範，而且計算得非常
精確。

　　一次，長官見拿破崙的學問很好，便派他到訓練操場上執
行一項任務。這項任務需要極為繁雜的計算能力，他把工作
做得極為出色，讓長官甚是吃驚，於是他獲得了新的機會。從
此，拿破崙走上了飛騰之路。

✎ 感悟

　　翻開歷史，我們發現，在各行各業中成功的人，往往是出
身貧苦的居多。他們大都是在苦難的皮鞭驅策下而奮發向前
的，是在想要改變自己命運的願望導引下而不斷向上的。

✎ 格言

征服命運的常常是那些不甘等待機運恩賜的人。

—— 馬修・阿諾德（Matthew Arnold）

∥ 擺脫財富的誘惑，培養獨立的習慣

　　某大學有個學生，是某位著名民間企業家的兒子。這種家
庭的「寶貝」外出上學，自然是有人陪送，有人為其打點一切。
但這位父親是讓兒子自己單獨乘火車從家鄉來求學。到校後，

兒子身上帶的錢交完各種費用後所剩無幾，他便主動向學校申請打工，在老師的介紹下到學生餐廳半工半讀。每天，大家都能看到這個勤快的小夥子在學生餐廳忙碌著，從不叫苦叫累。每天，他得到 10 元錢的薪水。他生活十分儉樸，衣著樸素，學習勤奮努力。

他周圍的同學都認為他來自貧困的家庭，但他在師生面前不卑不亢，渾身充滿一種自信與坦然。他還積極參加校外實習，並在一家企業兼職。他把家裡每月給的生活費原封不動地放好，作為自己的積蓄，以備將來創業所用。

大學 4 年，他完全靠自己解決了大學生活的費用。由於成績優秀，他每年都能得到書卷獎學金，畢業後又直升本校研究生。在研究所第 2 年時，他用自己積累與工作賺來的兩萬元創立了自己的小公司，走上了獨立創業之路。

在大西洋彼岸的美國，一位億萬富翁的「千金」白天上課，晚上外出工作，以賺取學雜費。

那位億萬富翁說：「我這樣做只是為了讓孩子從小知道生活的艱辛，讓她感受一點艱苦生活的磨練。這樣她長大以後才能知道怎樣把握自己，怎樣在社會上站住腳。」

那位「千金」說：「自己的事情自己來打理，那樣的生活才是自己的。這樣的歷練不是受苦，它創造的財富簡直就無可比擬。」

✐ 感悟

卡內基曾說，富家子弟生來不幸，因為他們是在揹著重負跟別人賽跑，這重負就是財富對他們的誘惑。如果像上述兩位那樣自食其力，培養獨立生存的習慣，自然就擺脫了重負和不幸。

✐ 格言

習慣養成得越多，那個人的能力越強。

—— 葉聖陶

夢想能否成真，分水嶺就在於能否堅持

美國汽車大王亨利・福特（Henry Ford），年輕時曾在一家電燈公司當工人。有一天，他突發奇想，要設計一種新型引擎。

福特把自己的想法告訴了妻子，妻子對他的發明研究很支持，鼓勵他說：「天下無難事，你就試試吧！」她把家裡的舊棚子空出來，供丈夫使用。

福特每天下班回家，就鑽進舊棚子裡做引擎的研發工作。暑往寒來，冬天舊棚子裡奇冷，福特的手凍成紫茄子，牙齒在寒冷中「格格」直響，條件可算是惡劣極了。可他默默地對自己說：「引擎的研究已經有了頭緒，再堅持做下去就能成功。」

亨利・福特在舊棚子裡苦幹了 3 年，新型引擎有了眉目。

接著，他開始設計以這種引擎為動力的車子。又研究了 1 年多，這個異想天開的稀奇東西終於問世了。

1893 年，福特和他的妻子乘坐著一輛沒有馬的「馬車」，搖搖晃晃上了大街。這次試駕取得了成功，車子開出了一段距離。但開出去的車子因為拋錨，只好又推回來。這說明，新玩藝兒還大有改進的必要。回家之後，福特又投入了沒日沒夜的改進。

就這樣，汽車這個對整個世界產生深遠影響的交通工具，在亨利‧福特堅忍不拔的意志下誕生了，成熟了；而福特也由此創造了一個舉世知名的汽車王國。

✎ 感悟

　　每個人都有自己的夢想，也都會為實現夢想做出努力。然而，一些人經過短暫努力之後感到神疲體倦，然後就想半途而廢；另一些人在稍事休整以後又開始努力，而且始終不懈，最終實現了夢想。兩者之間的分水嶺，就是堅持。

✎ 格言

要在這個世界上獲得成功，就必須堅持到底。

—— 伏爾泰（Voltaire）

有堅忍不拔的意志，就等於成功了一半

李時珍是中國古代最為著名的醫學家之一，他所寫的皇皇鉅著《本草綱目》，曾被達爾文（Charles Darwin）稱譽為「中國古代的百科全書」。

李時珍出生於湖北蘄州一個醫生世家，從小就對醫學特別感興趣，學到了許多醫學知識。李時珍 14 歲中秀才，後經三次鄉試落選，於是就放棄了科舉考試，選擇醫生作為終身職業。

在長期的行醫過程中，李時珍深切地感受到，古人留下的醫藥書籍中有許多中藥品種記載不全，甚至還有不少錯誤。為了對病人負責，為了給子孫後代留下詳細而嚴謹的醫藥知識，李時珍決定編一部新的醫藥書。當年，李時珍 35 歲。

為了編撰《本草綱目》，李時珍蒐集整理了大量前人留下來的數據，參考著述就達 800 多種。而對許多藥物的效用，他都要親自逐一予以確認。為了研究新的疾病，他不惜親自下到危險而黑暗的煉窯，不惜前往煉鉛的悶熱作坊，實地研究工人的中毒現象和職業病。

有時候，為了取得第一手珍貴數據，他冒著生命的危險，吞服一些作用劇烈的藥物。他曾吞服曼陀羅體驗這種藥的麻醉作用，直到精神恍惚、失去痛覺的程度。為了蒐集藥方與藥材，李時珍廣泛深入民間，行走於荒山草原之中，風餐露宿，白天翻山採藥、治病救人，晚上獨坐枯燈之下，一筆筆書寫自己的著作。

多少次的困苦挨餓，多少次的露宿荒郊野外，多少次的動物追咬，又有多少次的譏笑嘲諷，李時珍都一次次咬牙堅持了過來。就這樣，李時珍 30 年如一日，艱苦卓絕，堅忍不拔，最終完成了鉅著《本草綱目》。

✎ 感悟

堅忍不拔意味著不論遇到什麼情況，都要一直堅持下去，直到問題解決、任務完成為止。對於堅忍不拔者來說，沒有走不完的路，沒有越不過的高峰，沒有克服不了的困難，沒有達不到的目標。

✎ 格言

成大事不在於力量的大小，而在於能堅持多久。

—— 約翰遜（Samuel Johnson）

‖ 幸運脫離了進取和努力，也會變成不幸

在南非某貧窮的鄉村裡，住了兄弟兩人。後來，他們倆被奴隸主賣到了海外，大哥似乎幸運些，被奴隸主賣到了富庶的舊金山；弟弟好像要不幸得多，他被賣到了貧窮的菲律賓。

40 年後，兄弟倆又幸運地聚在了一起。此時的他們，已今非昔比了。大哥從做了一輩子的工程師職位退休後，現在擁有兩

家餐廳、兩間洗衣店和一間雜貨舖。弟弟呢？居然成了一位享譽世界的銀行家，擁有東南亞相當分量的山林、橡膠園和銀行。

人們對他們昨天的境遇和今天的狀況有些不解，便議論說：「經過 40 多年的努力，他們都成功了，但為什麼兄弟兩人在事業上的成就，卻有如此的差別呢？」

兄弟相聚，不免談談分別以來的遭遇。哥哥說：「我們黑人到了白人的社會，既然沒有什麼特別的才幹，唯有用一雙手煮飯給白人吃，為他們洗衣服。總之，白人不肯做的工作，我們黑人通通頂替，生活是沒有問題的，但事業卻不敢奢望了。」

弟弟對哥哥的看法表示贊同，因為大部分人都是這樣想、這樣做的，而哥哥又可以算是其中的佼佼者了 —— 他畢竟沒有一輩子洗衣做飯。看見弟弟這般成功，做哥哥的不免羨慕。弟弟卻說：「幸運是沒有的。初來菲律賓的時候，我也做了些低賤的工作。但我發現有些當地人比較懶惰時，於是便接下他們放棄的事業，慢慢地不斷收購擴張，生意便逐漸做大了。」

✎ 感悟

命運這東西，真是說有就有、說無就無，信它則有，不信則無，關鍵在如何看待。如果承認現有的境遇是命中注定，那就不可能「逃脫」宿命；如果認為現有的境遇可以極大地改觀，那「命運」就會把你引向另一番境遇。所謂幸運，脫離了進取和努力，就成為不幸了。

🖋 格言

必須在奮鬥中求生存，求發展。

—— 茅盾

▌新生活是從選定方向開始的

浩瀚的撒哈拉沙漠中有一個叫比賽爾（Bissell）的部落，村子旁邊有一塊 1.5 平方公里的綠洲。比賽爾人世代依綠洲而生，與外界幾乎隔絕。

從比賽爾部落走出沙漠，一般需要三晝夜的時間，可是在法國探險家肯‧萊文 1926 年發現它之前，這裡的人沒有一個走出過大沙漠。

對此，肯‧萊文大惑不解：為什麼世世代代的比賽爾人始終走不出那片沙漠呢？

經過了解，萊文才得知：原來比賽爾人一直不認識北斗星，在茫茫大漠中，沒有方向的他們只能憑感覺向前走。而萊文十分清楚：在一望無際的沙漠中，一個人若是沒有固定方向的指引，他會走出許許多多大小不一的圓圈，最終回到他起步的地方。

肯‧萊文來到這個村莊之後，把識別北斗星的方法教給了當地的居民。從此，比賽爾人便也相繼走出了他們世代相守的沙漠。

如今的比賽爾已經成為一個旅遊勝地，每一個到達那裡的

人都會發現一座紀念碑，碑上刻著一行醒目的大字：「新生活是
從選定方向開始的。」

✎ 感悟

　　沙漠中沒有方向的人，只能徒勞地轉著一個又一個圈子；
生活中沒有目標的人，只能無聊地重複著自己平庸的生活。對
沙漠中的人來說，新生活是從選定方向開始的；而對現實中的
人來說，新生活是從確定目標開始的。

✎ 格言

　　成功等於目標，其他都是這句話的註解。

　　　　　　　　　　　　　—— 博恩・崔西（Brian Tracy）

‖ 成功人生的關鍵步驟，是首先樹立奮鬥目標

　　戴高樂（Charles de Gaulle）年輕時在法國步兵第二師三十三
團九連當兵。在部隊裡，他勤奮學習，自覺鑽研軍事書籍，研
究著名戰例的史料，常常談論著名歷史將領的功過是非，表現
出了一個有為青年的遠大志向。

　　經過閱讀，戴高樂的視野更加開闊，也給自己樹立了一個
偉大的目標：要像歷史上的那些偉大元帥一樣，建立不朽的功
勳。在這一目標激勵下，戴高樂學習更加勤奮了。

後來，與戴高樂同時入伍的人大都晉升為中士，而戴高樂依舊是下士。人們不解，便去問連長德蒂尼上尉。上尉聳了聳肩膀，不屑一顧地說道：「我怎麼能把這樣的小夥子提升為中士呢？他只有當上大元帥才能稱心如意！」這話一傳開，戴高樂便有了「大元帥」的稱號。

這位「大元帥」後來又進入聖西爾軍校（Special Military School of Saint-Cyr）進行正規學習。他以成為一個大元帥的目標來要求自己，對軍事學習精益求精。畢業後回到部隊作戰英勇無比，曾三次負傷。1916 年 3 月，他中了彈，倒在血泊裡，人們都以為他陣亡了。

就在「大元帥」的死訊傳出以後，軍隊統帥部追授戴高樂法國軍隊最高的十字勳章，在證書上寫道：「該員在激戰中以身殉職，不愧為在各方面無與倫比的軍官。」富有喜劇色彩的是，戴高樂只受了重傷，卻並沒有死。這一次重傷，為他實現當「元帥」的目標提供了機遇，他的將帥才華得到賞識。傷好歸隊後，他被任命為準將，統帥法國軍隊。

在第二次世界大戰中，法國淪陷於德國法西斯之手，戴高樂被迫流亡英國。可他依舊不屈不撓地奮鬥，就連英國首相邱吉爾（Winston Churchill）也用讚賞口氣稱他為「大元帥」。然而，戴高樂又很謙遜，儘管他真正成了法國軍隊的統帥，可卻兩次拒絕授予他元帥軍銜的決定。雖然一直到死他仍然是一個將軍，但是，他用自己的行動實現了自己當大元帥的目標。

🖋 感悟

　　作家張愛玲說過：「出名要趁早」。其實，應該「趁早」地訂立目標。許多人之所以蹉跎歲月，正是因為沒有人生目標，一天天把日子荒廢了過去。成功人生最關鍵的一步是首先為自己樹立一個明確奮鬥目標，並使先定目標後行動成為處理大小事情的一種習慣。

🖋 格言

　　不想當將軍的士兵不是好士兵。

── 拿破崙

‖ 成功總需合作，不論他是大梁還是螺絲

　　比爾蓋茲在讀中學時，便與艾倫成為了好友。他們倆瘋狂地熱愛電腦，並且都是高手。他們的友誼因共同的興趣而越來越深厚。

　　早在 14 歲的時候，比爾蓋茲就和艾倫一起透過編寫和測試電腦程式來賺錢。1972 年，兩人建立了他們的第一家公司「TraF-O-Data」。他們既是好友，又是合作者。在共同為電腦奮鬥的過程中，兩人感情日漸深厚。

　　1974 年，艾倫從華盛頓大學退學；1975 年，比爾蓋茲也離開了哈佛。他們兩人深信個人電腦的發展前景，並且願意共同

奮鬥。他們一起搬到了新墨西哥州的阿布奎基市，開始了他們偉大的創業生涯。

從此，二人同心協力，共同為微軟的發展出謀劃策，共同研究、開發一代代新產品。至於他們所取得的成功，幾乎是眾所皆知。

比爾蓋茲不善言談，專攻科學研究開發；艾倫能言善辯，負責業務連繫。二人形成絕佳搭檔，共同為微軟的發展作出了傑出的貢獻。

可以說，比爾蓋茲的成功不僅僅是他一個人的，艾倫也功不可沒；也就是說，沒有艾倫，很可能就沒有今天的微軟。

感悟

微軟草創時期的成功，就在於兩個合作者緊密連結在了一起；只有其中一個人，無論是誰，都不可能推動微軟的創業車輪。成就一番事業，必須有自己的合作者，不管他們是為你撐起了半邊天，還是為你做襯托的綠葉，不管他們是大梁還是螺絲。

格言

每個人都擁有不同的智慧及無可限量的潛能，當大家對此有所了解，並同心協力加以開發時，就能為社會帶來繁榮。

—— 松下幸之助

不要太自負，畢竟個人的能力有限

一家大公司應徵高層管理人員，九名優秀應徵者經過面試，從上百人中脫穎而出，闖進了由公司老闆親自把關的複試。

老闆看過這九個人的詳細資料和初試成績後，相當滿意，但此次應徵只能錄取三個人，於是老闆給大家出了最後一道題。老闆把這九個人隨機分成甲、乙、丙三組，指定甲組的三個人去調查嬰兒用品市場，乙組的三個人去調查婦女用品市場，丙組的三個人去調查老年人用品市場。

老闆解釋說：「我們錄取的人是用來開發市場的，所以，你們必須對市場有敏銳的觀察力。讓你們調查這些產業，是想看看大家對一個新產業的適應能力。每個小組的成員務必全力以赴。」臨走的時候，老闆又補充道：「為避免大家盲目展開調查，我已經叫祕書準備了一份相關產業的數據，走的時候自己到祕書那裡去取。」

三天後，九個人都把自己的市場分析報告遞到了老闆那裡。

老闆看完後，站起身來，走向丙組的三個人，分別與之一一握手，並祝賀道：「恭喜三位，你們已經被錄取了！」

隨後，老闆看看大家疑惑的表情，哈哈一笑說：「請大家找出我叫祕書給你們的數據，互相看看。」

原來，每個人得到的數據都不一樣，甲組的三個人得到的分別是對當地嬰兒用品市場過去、現在和將來的分析，其他兩

組的也類似。

　　老闆說：「丙組的人很聰明，互相借用了對方的數據，補齊了自己的分析報告。而甲、乙兩組的人卻分別行事，拋開隊友，自己做自己的，形成的市場分析報告自然不夠全面。其實我出這樣一個題目，主要目的是考察一下大家的團隊合作意識，看看大家是否善於在工作中合作。要知道，團隊合作精神才是現代企業成功的保障！」

✎ 感悟

　　一位哲人說過，你手上有一個蘋果，我手上也有一個蘋果，兩個蘋果交換後每個人還是一個蘋果；如果你有一種能力，我也有一種能力，兩種能力交換後就不再是一種能力了。每個人都應該意識到個人的能力是有限的，即使一個人精力無限充沛，也永遠無法做好所有的事情。所以合作是必要的，也是必需的。

✎ 格言

　　不論在戰爭中還是在和平時期，任何領袖只有得到了他的同伴的合作，才能造成重要的、有效的作用。

── 西塞羅（Cicero）

無論企業還是個人，微笑的面孔都是金字招牌

希爾頓飯店（Hilton Hotels）是世界最為知名的連鎖飯店集團，它在五大洲的數十個國家都有自己的飯店，而且信譽卓著，業績不菲。

希爾頓飯店以「微笑服務」著稱，它從 5,000 美元資產發展成擁有數十億美元資產的希爾頓飯店集團，與其「微笑服務」的推行不無關係。

希爾頓董事長、旅店大王希爾頓（Conrad Hilton）問部屬最多的一句話是：「你今天對客人微笑了沒有？你工作時是和和氣氣的嗎？」他到世界各地視察自己的飯店系統，其實就是檢查這句名言的實行情況。

希爾頓要求員工牢牢記住：無論局面多麼困難，無論遇到什麼情況，希爾頓員工和氣而禮貌的微笑是永遠屬於顧客的，是一如既往、美好永恆的。

希爾頓集團應徵員工時堅持這樣的原則：寧願雇用一個高中畢業的女職員 —— 如果她有可愛的微笑，而不雇用一位面孔冷冰冰的哲學博士。

希爾頓飯店集團以它的「微笑服務」贏得了顧客，締造了幾乎遍布全球的飯店王國。

✎ 感悟

　　微笑的面孔是最美好的個人形象，也是最美好的企業形象。無論對個人還是對企業來說，這樣的面孔都是金字招牌，足以吸引人、凝聚人、感染人，它幾乎是無敵的。

✎ 格言

憤怒的拳頭不打笑臉。

—— 玄忠法師

‖ 壞習慣不可縱容，它並非不可改變

　　美國第一富豪保羅・蓋蒂（J. Paul Getty）平時養成了抽香菸的習慣。

　　有一天，他度假開車經過法國，那天正好下著瓢潑大雨，當時他在一個小城裡的旅館過夜。

　　蓋蒂一覺睡到清晨兩點，這時，他想抽一根菸。開啟燈，他自然地伸手去找他睡前放在桌上的那包菸，卻發現是空的。他下了床，搜尋衣服口袋，結果也毫無所獲。他又翻找他的行李，心想也許其中一個箱子裡會有抽剩的菸，結果連半根都未找到。他知道這時旅館的酒吧和餐廳早就關門了，他想自己唯一能得到香菸的辦法是到距旅館六條街之外的火車站去買。

　　這時外面仍下著雨，他的汽車停在離旅館尚有一段距離的

車房裡，而且，別人提醒過他，車房是在午夜關門，第二天早上六點才開門。而且碰到這種天氣，在這樣的時候，就連計程車都找不到。

看來，要去火車站買菸，只有他自己在雨中走到車站。此時抽菸的欲望越來越濃厚，它戰勝了蓋蒂的一切心理。於是他脫下睡衣，開始穿上外衣。他衣服都穿好了，就在他伸手去拿雨衣時，他突然大笑起來。他覺得自己的行為是多麼荒唐。

蓋蒂站在那兒深思起來，一個所謂的知識分子，一個所謂的商人，為了得到一根菸，竟要在三更半夜，離開舒適的旅館，冒著大雨走過好幾條街。蓋蒂生平第一次意識到自己已經養成了一個不可自拔的習慣。這個習慣顯然沒有任何好處。想到此，他的頭腦很快清醒過來，片刻就作出了決定。他下定了決心後，把那個仍然放在桌上的菸盒揉成一團，毅然丟進廢紙簍裡。

他重新脫下衣服，再度穿上睡衣回到床上。帶著一種解脫，甚至是超越自我的感覺，他關上燈，閉上眼，聽著打在門窗上的雨點。很快，他進入一個深沉、滿足的睡眠中。自從那天晚上後，蓋蒂再也沒抽過一支菸，也沒有了抽菸的欲望。

✎ 感悟

在生活的歲月中，人們不知不覺會養成一些不良的習慣，而一旦養成，便根深蒂固；如果任其發展，它甚至於會操縱人們的行為、意志。但是一個人如果對自己的壞習慣能有一個清醒的認知，那麼憑著堅韌的毅力，壞習慣就一定會連根拔掉。

> ## ✎ 格言
>
> 人應當支配習慣，而絕不是習慣支配人。一個人，不能去掉他的壞習慣，那簡直一文不值。
>
> —— 奧斯特洛夫斯基（Nikolai Ostrovsky）

‖ 分清輕重緩急，不要把時間浪費在瑣事上

三國時期，蜀漢丞相諸葛亮為了國家勵精圖治，凡事皆親力親為，可謂鞠躬盡瘁，死而後已。繁重紛雜的軍機事務，夜以繼日的忙碌和操勞，加上統一事業不能實現的重重憂慮，摧殘了他的健康。

西元 234 年，諸葛亮率領十萬大軍，開始第五次北伐。蜀魏兩軍在五丈原對陣，諸葛亮派人多次挑戰，魏國統率司馬懿始終堅守不出。諸葛亮心情煩悶，寢食不安，健康狀況日益惡化。

不久，諸葛亮又遣使求戰，司馬懿不談軍事，只詢問諸葛亮飲食睡眠等瑣細小事。

使者回答：「我們丞相夜以繼日地處理事務，處罰 20 軍棍以上的案情，都要親自審理，每天吃飯，不過數升。」

司馬懿嘆息說：「吃得少，事務多，什麼都要自己做，哪能活多長時間呢？」

過了一段時間，諸葛亮果然病倒，死於軍中。

現代人如果把時間浪費在瑣事上，又會怎樣呢？請看下文：

庫比是一家公司的老闆，他有理想、有抱負，總想成就大事業，卻總對一些無所謂的小細節放心不下，無論任何事情都要親力親為。公司的所有客戶，他要全部接見；員工的工作他要一一分配；做出的決策他要一一過目，甚至連普通員工的人事調動他也要親自考慮。比起別的老闆來，庫比勤奮多了。

但是，儘管庫比工作起來風風火火，勤勤懇懇，但他對工作總是感到沮喪，晚上離開辦公室時常常悶悶不樂：自己如此辛苦，如此珍惜時間，為何還進步甚微？他沒有想過，他讓太多的瑣事浪費了太多的時間，從而耽誤了對公司發展大事的謀劃和推動。

✍ 感悟

分清輕重緩急，不在瑣碎的事情上浪費時間，不僅是老闆、領袖的事情，也是我們每個人所必須做的。不要以為我們不是大人物，就可以事無鉅細、眉毛鬍子一把抓，把寶貴的時間浪費在瑣事上，必然會遲滯我們成功的步伐。

✍ 格言

時間是最稀有的資源。不能管理時間，便什麼也不能管理。

—— 彼得‧杜拉克（Peter Drucker）

┃┃┃珍惜時間，不要讓交際占用過多時間

老羅斯福（Theodore Roosevelt）總統珍視友情，但也珍視時間。因此，當一個分別很久、只求見上一面的客人來拜訪他時，他總是在熱情地握手寒暄之後，便很遺憾地說他還有許多別的客人要見。這樣一來，他的客人就會很簡潔地道明來意，告辭而去。

一位公司的老闆擁有待客謙恭有禮的美名，他每次與來客把事情談妥後，便很有禮貌地站起來，與他的客人握手道歉，誠懇地說自己不能有更多的時間再多談一會兒。那些客人都很理解他，對他的誠懇態度也都非常滿意。

在美國現代企業界，與人接洽生意能以最少時間產生最大效率的人，非金融大王摩根（J. P. Morgan）莫屬。

摩根每天上午 9 點 30 分準時進入辦公室，下午 5 點回家。有人對摩根的資本進行了計算後說，他每分鐘的收入是 20 美元，但摩根認為不只這些。所以，除了與生意上有特別關係的人商談外，他與人談話絕不超過 5 分鐘。

通常，摩根總是在一間很大的辦公室裡，與許多員工一起工作，而不是一個人待在房間裡工作。摩根會隨時指揮他手下的員工，按照他的計劃去行事。如果走進他那間大辦公室，是很容易見到他的；但如果沒有重要的事情，他是絕對不會歡迎你的。

摩根能夠準確地判斷出一個人來接洽的到底是什麼事。當有人對他說話時，一切拐彎抹角的方法都會失去效力，他能夠立刻判斷出來人的真實意圖。這種卓越的判斷力使摩根節省了許多寶貴的時間。有些人本來就沒有什麼重要事情需要接洽，只是想找個人來聊天，摩根對這種人簡直是恨之入骨。

✍ 感悟

如果想調劑自己的生活，想在某一領域進修，想做出更大的成就，你就必須學會有效利用時間，不要讓過多不必要的交際浪費你太多的時間。如果你可以縮短或取消一些不必要的交際，你不僅可以完成許多事情，還能擁有成功的生活。

✍ 格言

閒聊天，瞎嚼舌，浪費時間太多。幹活的時候，該把舌頭上鎖。

—— 馬雅可夫斯基（Vladimir Mayakovsky）

┃┃ 今日事今日做，不要一再拖延

在古老的原始森林，陽光明媚，鳥兒歡快地歌唱，辛勤地勞動。

其中有一隻寒號鳥，牠到處遊蕩賣弄自己一身漂亮的羽毛和

嘹亮的歌喉，無所事事，看到別人辛勤地勞動，牠反而嘲笑不已。

好心的鳥兒提醒它說：「寒號鳥，快築個窩吧！不然冬天來了怎麼過呢？」

寒號鳥輕蔑地說：「冬天還早呢？著什麼急呢！趁著今天大好時光，快快樂樂地玩玩吧！」

就這樣，日復一日，冬天眨眼就到來了。鳥兒們晚上都在自己暖和的窩裡安然休息，而寒號鳥卻在夜間的寒風裡，凍得瑟瑟發抖，用美麗的歌喉悔恨過去，哀叫未來：「哆囉囉，哆囉囉，寒風凍死我，明天就築窩。」

第二天，太陽出來了，萬物甦醒了。沐浴在陽光中，寒號鳥好不愜意，完全忘記了昨天晚上的痛苦，又快樂地歌唱起來。有鳥兒勸它：「快築窩吧！不然晚上又要發抖了。」

寒號鳥嘲笑說：「時間還長呢，急什麼！」

夜晚又來臨了，寒號鳥又重複著昨天晚上一樣的故事。就這樣重複了幾個晚上，大雪突然降臨，鳥兒們奇怪寒號鳥怎麼不發出叫聲了呢？太陽一出來，大家尋找一看，寒號鳥早已被凍死了。

✎ 感悟

在人的一生中，儘管有著無數的日月，但今天是最重要的，如果我們任意揮霍、浪費時間，感到時間還長的話，那我們終將一事無成。今天的事情推到明天，明天的事情推到後天，一而再，再而三，事情永遠沒個完，時間卻已飛逝。

> ✎ **格言**
>
> 抓緊今天，少相信明天。
>
> —— 賀拉斯

‖ 合理安排，為自己贏得更多的時間

沒有人可以懷疑愛蓮娜・羅斯福（Eleanor Roosevelt）總統夫人是個懶人。演講、寫作，在各國之間為友誼而努力 —— 她每天的活動排滿了整張行程表，大部分比她年輕一半的女人也難以勝任這種忙碌。

一位知名記者就此訪問羅斯福夫人的時候，問她如何能夠完成這麼多事情，她的回答很簡單：「我絕不浪費時間。」

羅斯福夫人告訴我們，她在報上發表的許多專欄文章，都是在約會和會議之間的空餘時間完成的。她每天工作到深夜，清晨就起床。

「萬事通」專家約翰・基爾南，是個著名的地鐵乘客，看到他坐在地鐵裡專心地看著濟慈（John Keats）的詩集，或是一篇有關鳥類生態的論文，這都是很平常的事。

羅斯福當總統的時候，他的桌上總攤著一本書，所以他能夠在兩次約會之間的兩到三分鐘的空檔裡唸書。他的臥室裡有一本詩集，所以他能夠在穿衣服的時候背下一首詩。

✍ 感悟

　　我們中的許多人 —— 儘管我們不能說自己和美國總統夫人一樣忙碌，卻總是哭訴著說「沒有時間」。其實，生活中有很多零散的時間是大可利用的，如果能化零為整，那我們的工作和生活將會更加輕鬆。

✍ 格言

對時間的合理的運用，就等於延續了自己的生命。

—— 卡爾‧博施（Carl　Bosch）

第三章

克服人性弱點，讓人格魅力閃耀光輝

撒謊瞞不了人，坦誠更能贏得人心

某公司人力資源辦公室裡，方敏正在應徵行政職員工作。

公司人力資源經理于先生第一眼看見這位身材嬌小、相貌平平的女孩，就有些洩氣 —— 從外表看，這個女孩子顯示不出特別的幹練。于先生在問了姓名和學歷後，然後又問道：

「做過行政工作嗎？」

「沒有！」方敏答道。

「那麼，現在請回答幾個有關辦公室工作的問題。」于先生開始提問：

「行政職員的工作職責是什麼？」

方敏自然而然地答道：「協助主管處理好日常事務。」

于先生點點頭，接著問：「對陌生的來訪者，你打算怎樣接待？」

「『您好，請問我能幫您做什麼事嗎？』或『您好，請問您找哪位？』」

于先生還是只點點頭，又問：「你現在能否寫出一篇年終總結？」

方敏稍一思索，不疾不徐地回答：「抱歉，先生，我沒辦法為您寫出這份總結。」

「為什麼？」

「總結是要以事實為依據的，可現在我對貴公司的情況幾乎一無所知。」

于先生高興得從椅子上站起來，興奮地說：「很好，你通過了，我想你會很稱職！」

于先生心中已認定方敏將是一個出色的行政職員，因為測驗的最後一個問題，只有方敏的答案令他滿意，以前的應徵者總是胡亂編造一些文章，而那種總結除了虛假，剩下的還是虛假。

✎ 感悟

求職面試時，「無中生有」的編造，是應徵工作最忌諱的；一是一、二是二，反倒更易贏得人心。求職是如此，做其他事也是如此。人應該誠實，不應該編造謊言，因為謊言終會被戳穿。

✎ 格言

以誠感人者，人亦以誠應；以詐御人者，人亦以詐應。

—— 薛瑄

心地坦蕩者，無愧於天地神人

在一所大醫院的手術室裡，一位年輕的護理師第一次擔任手術專責護理師。

手術之中，她井然有序地配合著主刀醫師的操作，醫師不禁對她默默讚許。

手術進行得十分順利，轉眼間就要縫合了，醫師又伸出了手。

這一次，護理師沒有把要用的器械遞過來，而是說：「醫生，你只取出了 11 塊紗布，我們用的是 12 塊。」

「我已經都取出來了。」醫師斷言，並不容置疑地吩咐道：「我們現在就開始縫合傷口。」

「不行！」護理師抗議說，「我們用了 12 塊。」

「由我負責好了！」主刀醫師嚴厲地說，「縫合！」

「你不能這樣做！」護理師激烈地喊道，「你要為病人想想！」

醫師微微一笑，舉起他的手讓護理師看了看這第 12 塊紗布。「你是一名合格的護理師。」他說道。

原來，醫師在考驗護理師是否正直 —— 而她具備了這一點。

✎ 感悟

正直的品格，並不僅僅是針對人命關天的事情才重要；正直是每一個人都應該具備的品格。正直的人心地坦蕩，心口如一，懂得堅持正確的原則；正直的人有著堅強的信念，內心平靜如水，很少受到外界的騷擾；正直的人可以保持清醒的頭腦，他的精力也因為內心的平靜而特別旺盛。

> ✎ **格言**
>
> 即使在帝王面前，也絕不背叛真理。
>
> —— 貝多芬

每個人都會犯錯，知錯不改更加愚蠢

喬治・艾倫（George Allen）是美國政治家，是一個深受美國人民愛戴的人。艾倫具有高尚的品格，他坦承，這些品格的樹立和他童年時的經歷有關。他曾講過這樣一件童年往事：

那時艾倫在華盛頓州塔科馬市（Tacoma）讀小學。新年剛過不久，下了一場大雪，地面上覆蓋著白雪。在陽光的照耀下，所有東西都顯得非常美麗。於是艾倫便和一群男孩打起了雪仗。艾倫抓準一個機會，使勁把雪球向一個夥伴扔去。誰知用勁過猛，雪球躍過夥伴的頭頂，直向鄰居家的窗戶飛去。「碰」的一聲，鄰居的一扇窗玻璃碎了。

小朋友見闖了禍，一個個都逃回家去了。

艾倫起初也不知所措。他呆呆地站了一會兒，決定親自登門承認錯誤，並予以賠償。當時艾倫的口袋裡僅有一枚銀幣 —— 那是聖誕節父親給艾倫的新年禮物。可艾倫知道，只有去賠償，自己才不會感到不安。

艾倫叩了叩鄰居家的大門。那家的人出來了，艾倫真誠地

對他說：「先生，我擲雪球打碎了您家的玻璃窗。但我不是故意的，我非常抱歉，並想用這一枚銀幣賠償您。」

那位和藹可親的先生看了看艾倫的銀幣，笑道：「孩子，你如此誠實，又願意承擔責任，所以我不要你賠償。但為了獎賞你，我再送你一枚銀幣。孩子，上帝會祝福你的！」

艾倫回憶說：「經過那次教訓後，我才真正懂得，當你做錯了事後，要立即承認，並勇於承擔責任。」

✑ 感悟

　　每個人都會犯下錯誤，關鍵是如何對待錯誤。勇於承認錯誤、承擔責任，是一種優秀的品格。拒絕認錯、逃避責任絕不是什麼高明之策。也許事情本來沒有那麼嚴重，而且認錯了，說不定還會有意外的收穫。

✑ 格言

　　每個人都會犯錯，只有愚人才會執過不改。

—— 西塞羅

‖ 坦誠面對錯誤，浪子回頭金不換

格林尼亞（Victor Grignard）的父親是瑟爾堡船舶製造公司的老闆，極其富有。

　　格林尼亞自幼驕縱，不肯學習，經常搞些惡作劇，捉弄老師，把父親請來的家庭教師一個個都氣走了。

　　光陰似箭，格林尼亞轉眼間長成了一個英俊青年。但由於從小沒有認真學習，他既沒有學問，更沒有本事，人們都稱他為「繡花枕頭」。他還結交了許多不三不四的朋友，成天吃喝玩樂。正派人都厭惡他，瞧不起他，但他自己一點也不知道。

　　一次，和朋友聚會，格林尼亞突然看見一位從未見過的美麗女子走了過來。一個朋友把格林尼亞拉到一邊，告訴他：「這女子是城裡大名鼎鼎的波多麗女伯爵，她的美麗和賢淑響滿法國，多少上層人士巴結她都巴結不上呢。」格林尼亞不肯錯過機會，趕忙走過去，請她跳舞。

　　誰知，對方把頭微微一抬，表示拒絕。

　　驕傲的格林尼亞不肯認輸。他再次走到女伯爵跟前，貌似道歉，實則挑釁：「尊敬的小姐，您為什麼不跟我跳舞呢——我哪裡配不上您，請賜教。」

　　美麗的波多麗伯爵連眼皮都沒抬一下，冷冷地說：「算啦，請站遠一點，我最討厭您這樣不學無術的花花公子和我說話，我的眼神不願看見放蕩和愚蠢、無知和驕傲，我最大的希望就是請您這位無知的先生離開我。」

　　這番話像鋼針一樣刺痛了格林尼亞的心。他在震驚之餘悟出了一個道理：一個人如果品行不端，沒有學問，是不會受到別人的尊敬的。自己要想受到別人的尊敬，就要改掉惡習，從

頭做起，奮發學習，做一個有學問的人、有貢獻的人。格林尼亞受到這次刺痛後，開始走正道 —— 浪子回頭了。

憑藉自己的天分和不斷努力學習，29 歲時，格林尼亞終於發明了一種在有機化學方面有巨大作用的試劑，被命名為格氏試劑。由於他在有機化學的其他方面也取得了很大的成就，1912 年，格林尼亞被授予諾貝爾化學獎。

✎ 感悟

每個人都會犯錯，關鍵是犯錯後要用正確的態度對待它。只要放下面子，不再固守所謂的自尊，坦誠而勇敢地改正錯誤，就會獲得他人的尊重，而且給人一種高貴誠信的感覺。

✎ 格言

對可恥的行為的追悔是對生命的拯救。

—— 德謨克利特（Democritus）

主動承擔責任，只會使自己獲得更多

蓋茨堡會戰（Gettysburg Campaign）是美國南北戰爭的轉折點，雙方爭奪得很是慘烈。此役以南方軍的失敗而告終，北方軍由此扭轉頹勢，很快走向了全面勝利。

戰役初期的形勢是北軍南攻。南方統帥羅伯特・李（Robert

Lee）將軍派畢克德向蓋茨堡的墓園山脊（Cemetery Ridge）衝鋒，因為南方軍隊要想戰勝北方就必須奪取此地。但因種種原因，畢克德在付出了慘重的代價之後，還是失敗了。

李將軍失敗了，他不能由此深入北方。最終南方失敗了。

李將軍極其悲痛和震驚，他向南方同盟政府的總統戴維斯（Jefferson Davis）提出辭呈，要求另派「一個年富力強的人」。

顯然，墓園山脊之戰的直接責任不在李將軍；而且他可以找出數十個藉口來推脫自己在蓋茨堡會戰中的責任。然而，他沒有。

當畢克德帶著流血的軍隊掙扎著退回同盟陣線的時候，李將軍隻身騎馬去迎接他們，並發出偉大的自責：「這都是我的過失，」他承認說，「我，我一個人戰敗了。」

在美國歷史上，南北戰爭中的反對廢除黑奴制度、企圖分裂國家的南方同盟是非正義的，遭人詬病。但羅伯特‧李作為其中的一員，卻受到了時人和後人的尊敬，一方面是因為他的軍事才能，另一方面更在於他具有包括勇於承擔責任的諸多高尚品格。

🖎 感悟

如果我們錯了，要勇敢地承認錯誤、承擔責任，此時我們的承認、承擔，不會再讓自己更多地失去別人的尊重與配合。也許我們會因為承擔責任而失去一些暫時的利益，但我們樹立的是自己高尚的形象，獲得的是人格的完善，而這些對我們一生的成功來說更有價值。

> ## 📝 格言
>
> 　　永遠不要因承認錯誤而感到羞恥，因為承認錯誤也可以解釋作你今天更聰明。
>
> 　　　　　　　　　　　　　　　　— 馬羅（Christopher Marlowe）

‖ 專注於自己的承諾，盡力去做答應的事情

　　在某家公司，每個求職者都要經過一場特別的考試。

　　問答總是這樣開始的：「能閱讀嗎？」「能，先生。」接著，老闆把一張報紙放在小夥子面前，然後問：「你能讀一讀這一段嗎？」「可以，先生。」「你能一刻不停頓地朗讀嗎？」「可以，先生。」

　　「很好，跟我來。」老闆把小夥子帶到自己的私人辦公室，然後把門關上，把報紙送到小夥子手上，上面印著他答應不停頓地讀完的那段文字。

　　閱讀剛一開始，老闆就放出六隻可愛的狗。小狗在小夥子的腳邊又鬧又叫，實在頑皮可愛極了。小夥子經受不住誘惑要看看美麗的小狗，視線離開了閱讀材料。他忘記了自己的角色，讀錯了，當然也就失去了這次機會。

　　就這樣，老闆打發了 70 個小夥子。他們犯了同樣的錯誤 —— 忘記了自己的角色，把剛剛答應的事情拋在了腦後。

　　終於，有個青年不受誘惑，一口氣讀完了。老闆問：「你在

讀報紙的時候，沒有注意到你腳邊的小狗嗎？」

青年回答道：「當然注意到了，先生。」

「我想你應該知道牠們的存在，對嗎？」

「對，先生。」

「那麼，為什麼你不看一看牠們？」

「因為你告訴過我要不停頓地讀完這一段。」

「你總是遵守諾言嗎？」

「的確，我總是努力地去做自己承諾的事情，先生。」

老闆在辦公室裡走著，突然高興地說道：「你就是我要的人。明早 7 點來上班。我相信你大有發展前途。」

這位青年的發展的確如那位老闆所說。

✍ 感悟

信守諾言是人際交往中最為重要的因素，它對贏得人心、建立相互信任感至關重要。我們應該謹慎許諾，甚至輕易不許諾；但一旦許諾，就要盡力信守諾言。就如同失信會受到懲罰一樣，信守諾言也可以獲得豐厚的回報。

✍ 格言

民無信不立。

—— 孔子

信守諾言的決心，可以帶來神奇的力量

幾年前，柯維曾經向自己的孩子承諾，帶他們去密西根野營。那裡有神奇的瀑布和蒼茫的森林，深受孩子們喜愛。然而那是一次昂貴的野營。不過，柯維還是想盡力去實現它，確保每個孩子都可以和大人一同去野營。

但是，在夏天來臨之時，柯維因陷入經濟困境而不得不重新安排計劃。野營看來要成為鏡中之花、水中之月了。

當柯維向 8 歲的兒子鮑比解釋目前所面臨的經濟困境以及當年去野營已經不太可能這件事時，鮑比正坐在汽車的副駕駛座，他臉上的表情令柯維終生難忘 —— 他用非常非常輕柔、細微得父親幾乎聽不到的聲音說：「但是，你曾經發誓你會帶我們去。」

是的，柯維清楚地記得以前自己是「發誓」要如何，而並沒有說「我試試看」，或者「我們來定一個目標」。

面對兒子的責怪，柯維的心頭突然之間被一種莫名的情緒占據了，他告訴鮑比：「是的，我曾經起誓，謝謝你提醒了我。現在我鄭重告訴你，我們會去野營。我會讓它成為現實。對不起，我忘了我曾經為此而起誓。」

接下來柯維所做的第一件事就是換工作，而他接受新工作的主要條件就是這份工作的獎金恰恰夠送自己的孩子們去野營所需要的全部花費。

那年夏天的一個週末，柯維一家愉快地踏上了前往密西根野營的旅程。

🖎 感悟

信守我們的諾言，並努力去實現它！因為我們的信守諾言，不僅僅只是去踐履我們曾經說過的一句話，它也是我們的夢想、我們的動力，它將給我們帶來力量，帶來勇氣，帶來良好的人際關係，帶來成功的喜悅。

🖎 格言

以信接人，天下信之；不以信接人，妻子疑之。

—— 楊泉

‖ 信用彷彿一條細線，斷了就很難接上

瓊斯原本只是一名普通的職員，他就是靠信用樹立了自己的聲譽，結果成為一家報館的主人。

瓊斯在開始創業時，首先向一家銀行貸了 3,000 美元。其實這筆錢他並不需要，之所以貸款，就是為了樹立自己守信用的形象。他當時根本沒有動過這筆錢，還款期一到，便立即將這 3,000 美元還給了銀行。幾次以後，瓊斯得到了這家銀行的信任，借給他的數目也漸漸大了起來。最後一次貸款的數額是 2

萬美元，而這一次，瓊斯是真的需要這筆錢去發展他的業務。

瓊斯說：「我計劃出版一份商業方面的報紙，但辦報需要一定的經濟基礎，我估算了一下，起碼需要 2.5 萬美元，而我手頭上總共才 5,000 美元。於是，我去找每次貸給我款的那個職員。當我把我的計劃原原本本地告訴他以後，他願意貸給我 2 萬美元。不過，他要我與銀行經理洽談一下。最後，這位經理同意如數貸款給我，還說：『我雖然對瓊斯先生不熟悉，不過我注意到，多年來瓊斯先生一直向我們貸款，並且每次都按時還清。』因此，他很快就為我辦好了貸款手續。」

就這樣，瓊斯用這筆資金走上了成功之道。

在某些情況下，恪守信用會使自己吃虧，這時，我們該怎麼辦呢？藤田是這方面的典範。

1968 年，日本麥當勞會社社長藤田接受美國油料公司訂製 300 萬副刀與叉的合約，交貨日期為該年的 8 月 1 日。

藤田組織了幾家工廠生產這批刀叉，但由於這些工廠一再誤工，預計 7 月 27 日才能完工。但從東京海運到美國芝加哥路途遙遠，8 月 1 日肯定交不了貨；若用空運，由於運費昂貴，會損失一大筆利潤。

企業都是要追求利潤的。這時，藤田面對的，一邊是損失的利潤，一邊是看不見摸不到的信用。思量再三，他毅然租用泛美航空公司的波音 707 貨運機空運，花費了 30 萬美元的空運

費，將貨物及時運抵芝加哥，按時交給了客戶。

這次藤田在經濟方面損失很大，但卻贏得了美國油料公司的信任。在以後的幾年裡，美國油料公司都向日本麥當勞會社訂製大量的餐具，藤田也因此得到了豐厚的回報。

✎ 感悟

有位哲人曾說過：「信用彷彿一條細線，一時斷了，想要再接起來則難上加難。」所以，你在使用信用這筆人生存款的時候，千萬不要透支。當你的信用值為負數時，你可能就會變成一個沒有人勇於信任的「窮光蛋」。

✎ 格言

有信用不一定有錢，但有錢就一定要有信用。

—— 奧·霍姆斯（Oliver Holmes）

‖ 沾上了驕傲自滿，失敗與遺憾就會如影隨形

三國鼎立的局面形成之後，魏、蜀、吳三國各占一方地盤，但每一家又都想吞併對方。

北伐中原、復興漢室是蜀漢的既定策略，劉備、諸葛亮無時無刻不在為此操心。關羽受命據守荊州，伺機北進。

關羽出師北進，俘虜了魏國將軍于禁，並將魏國征南將軍

曹仁圍困在了樊城，取得了顯赫的勝利。

當時鎮守陸口的吳國大將是呂蒙，他回到建業，稱病要休養，其實是想謀劃對付關羽。部將陸遜來看望他，兩人自然而然談論起了軍國大事。

陸遜說：「關羽平時經常欺凌別人。現在節節勝利，又立下大功，就會更加自負自滿。又聽說您生了病，對我們的防範就有可能要鬆懈下來。他一心只想討伐魏國，如果此時我們出其不意地進攻，肯定能打他個措手不及。」

呂蒙對陸遜的見識大為嘆服，就向孫權推薦陸遜代替自己前去陸口鎮守。

陸遜一到陸口，馬上給關羽寫信道：「你大敗魏軍，立下赫赫戰功，這是多麼了不起的事啊！就是以前晉文公在城濮之戰中所立的戰功，韓信在滅趙中所用的計策，也無法與將軍您相比啊。我剛來這裡任職，學識淺薄，經驗不足，一直很敬仰您的美名，所以懇請您多多指教。」

關羽接到陸遜的信，自然被信中的好話吹捧得暈暈乎乎，而且由此想當然地認為陸遜不過是無名之輩，不足為懼，對後方吳國也就放心了。

陸遜在穩住關羽後，暗中加快軍事部署，待條件具備後，指揮大軍，一舉攻克蜀中要地南郡。關羽敗走麥城，終遭殺害。

就這樣，關羽為他的自負與輕敵付出了沉重的生命代價。

> ✑ **感悟**
>
> 　　「滿招損，謙受益。」作為幾千年古人留下來的古訓，當今依然有它的現實意義。只有謙虛，我們才能增進才幹，才能養成優良的美德，才能贏得他人的尊敬；而驕傲自大，只能使我們狂妄無知，遭人譏笑，甚至讓我們付出慘痛的代價，遺恨終生。

> ✑ **格言**
>
> 　　一般說來，一切重大差錯都是因為驕傲自滿才造成的。
>
> 　　　　　　　　　　　　　　── 羅斯金（John Ruskin）

‖ 毅力像一把篩子，在芸芸眾生中篩出成功之人

　　美國歌星強尼‧凱許（Johnny Cash）出生在陽光普照的棉鄉。他從小就有一個夢想 ── 當一名歌手。

　　為了實現自己的夢想，凱許開始自學彈吉他，並練習唱歌，甚至自己創作了一些歌曲。服兵役期滿後，他開始努力工作，以實現當一名歌手的夙願。

　　當然，成功並沒有馬上到來。沒人請凱許唱歌，就連電臺音樂節目廣播主持人的職位他也沒能得到。他只得靠挨家挨戶推銷各種生活用品來維持生計。

　　不過凱許還是堅持練唱，堅持與他的夢想相關的所有活

動。他組織了一個小型的歌唱小組在各個教堂、小鎮巡迴演出，為歌迷們演唱。

後來，凱許錄製了自己的第一張唱片，奠定了音樂工作的基礎。其後不久，他紅了，金錢、榮譽、在全國電視螢幕上露面——所有這一切都屬於他了。

然而不久，凱許又接著迎來了人生的第二次考驗。由於染上了毒癮，他的事業一落千丈，經常出現在戒毒所裡，而不是在舞臺上。

凱許選擇了重新站起來。他又一次對自己的能力做了肯定，深信自己能再次成功。他找到自己的私人醫生。醫生不太相信他，認為他很難改掉吃麻醉藥的壞毛病。醫生告訴他：「戒毒癮比找上帝還難。」

凱許並沒有被醫生的話所嚇倒，他開始了他的第二次奮鬥。他把自己鎖在臥室中，閉門不出，一心一意要根絕毒癮。一邊是麻醉藥的引誘，另一邊是奮鬥目標的召喚，結果毅力占了上風。

九個星期以後，凱許又恢復到原來的樣子了。他努力實現自己的計劃。幾個月後，他重返舞臺，再次引吭高歌。他不停息地奮鬥，終於又一次成為超級歌星。

✑ 感悟

　　阻礙人們走向成功的因素很多，最關鍵的是能否有毅力堅持下去，能否戰勝橫亙在面前的困難。有了目標，不懈地努力，以頑強的毅力堅持下去，必定能夠到達目標。毅力到了一定地步，可以移山，可以填海，更可以從芸芸眾生中篩出成功的人。

✑ 格言

　　人要有毅力，否則將一事無成。

　　　　　　　　　　　　── 瑪里‧居禮（Marie Curie）

‖ 問心有愧之時，要用道歉和彌補消除愧疚

　　克拉倫斯‧伯利是位優秀的醫生，醫術高明，名聞遐邇，登門求醫者絡繹不絕。

　　這天，來了一位萎靡不振、神情沮喪的男人，他聲稱自己患有多種疾病，比如頭痛、失眠、消化系統紊亂等等。伯利醫師打起精神，給他做了細緻的檢查，卻找不到任何生理上的原因。

　　這可真讓這位醫道高明的醫師難以理解了。很快，伯利醫師明白了這位男士的癥結所在 ── 他患的是心病。最後，伯利對他說：「除非你告訴我你良心上有什麼不安，否則我是無法幫助你的。」

經過痛苦的煎熬，這個人終於承認，他作為父親指定的遺產執行人，一直對住在國外的弟弟欺瞞他的遺產繼承權，而他對此又極度不安和心懷歉疚。

得知這些，這位明智的老醫生便敦促此人給弟弟寫一封信，請求弟弟的寬恕，並隨信附寄一張支票作為第一步的補償。

聽了伯利醫師的開導，這個男人當場寫了信，伯利醫師一直護送他把這封信送到郵局。

當這封信消失在投信口的時候，這個男人流出了熱淚。「謝謝你，」他說，「我相信我的病都治好了。」

後來，他的確恢復了健康。

✍ 感悟

做人做事應該做到於心無愧，這樣才好。但無論是由於主觀原因還是客觀原因，有時候難免出一些問題，導致心有愧疚。此時，要及時彌補，表達自己的歉意，糾正錯誤，挽回過失，從而消除愧疚。

✍ 格言

坦率地認錯、真誠道地歉，是醫治心靈創傷的清潔劑、癒合劑。

—— 姬莉·安（Gillian Anderson）

不計個人得失的人，才能身當大任

東漢時期，京城太學裡有一個名叫甄宇的博士。

有一年年底，皇帝賜給博士們每人一隻羊為過年禮物。羊趕來了，負責分羊的官員一見傻了眼：原來這群羊的肥瘦大小相差懸殊。太學長官煩惱不已，不知如何分發是好，於是便找博士們來相商。

博士們平常關係都不錯，但面對這個問題也都難以應付。因為誰也不願要又瘦又小的羊，但誰也不願說「我想要大的」，於是紛紛出主意。

有的說應把所有的羊全殺掉，秤斤論兩平均分肉；有的說應抓鬮定奪，聽天由命。

正在大家議論紛紛時，甄宇站出來說：「還是一人牽一頭吧，我先牽。」說完他就向羊群走去。

這時，便有人嘀咕說：「甄宇倒是聰明，如果他把大的牽走，那麼小的留給誰呢？」沒想到甄宇竟從羊群裡牽了一隻最瘦小的羊回家了。

這下博士們不再爭執了，人們都很敬佩他的無私與大度，敬佩甄宇的同時，紛紛效仿他的行為，先牽的人都是從小的牽起，越是肥大的羊反而越是剩在後邊。

這個牽扯到眾人利益的難題，就這樣輕而易舉地解決了。

> ### 🖋 感悟
>
> 　　榜樣的力量是無窮的，只有不計個人得失，不斷提高自己、能夠勇挑重擔的人才能成為眾人的榜樣。同時，榜樣在很多時候，都會成為領袖，他的一言一行也關係著他所率領的團隊興衰。

> ### 🖋 格言
>
> 自私的人將如孤單不結果實的果樹，日見枯萎。
>
> 　　　　　　　　　　　　── 屠格涅夫（Ivan　Turgenev）

‖ 對於不幸的人，關愛和體貼就是良藥

　　威爾士州有一個 9 歲的小男孩馬修，他十分喜歡體育明星沃利・劉易斯（Wally Lewis）。對馬修而言，沃利是澳洲美式足球界的「國王」，是自己心目中永遠的英雄。但是，馬修卻沒有機會見到心目中的英雄了，他由於患白血病已經不久於人世了。

　　馬修身患絕症的故事傳到沃利那裡，比賽組織受到感動，一場巡迴資格賽中的一站被安排到了馬修的故鄉 ── 坦沃斯。到這裡之後，沃利抽出時間做了一次登門拜訪。

　　當馬修開啟他家的前門，發現他心目中的英雄正站在他家門口，馬修的眼睛瞪圓了。

　　一個月後，沃利邀請馬修到他位於昆士蘭黃金海岸的德萊

姆沃爾德的家中做客。在那裡，馬修和沃利的兩個孩子 —— 米切爾和林肯 —— 一起開著碰碰車，你躲我閃，玩得十分開心。馬修稱兩個孩子為小劉易斯。

當馬修重重地撞到林肯的車時，他對馬修說：「嘿，給你自己一個上手拳！」（一句常用的澳洲玩笑話，意思是：「你最好變得機智些！」）

在德萊姆沃爾德的經歷之後不久，馬修沒有任何遺憾地離開了人世。在他的葬禮上，人們看到馬修躺在一口很小的棺材裡，身上穿著他心目中的英雄沃利·劉易斯曾經穿過的 6 號球衣；棺材上畫著，是一幅昆士蘭球隊的象徵圖案。

在馬修生命中最後的幾天裡，他請求爸爸給那兩個劉易斯小兄弟捎個口信。他建議米切爾應該堅持在電腦上練習開車技巧，而林肯應該「給自己一個上手拳」。

✎ 感悟

盡你所能給別人以某種正向的影響 —— 向他們展現你的體貼與仁愛，哪怕對方是一個時日不多的人。這樣，所有的人都會為你的善行喝采。

✎ 格言

慈善的行為比金錢更能解除別人的痛苦。

—— 盧梭（Jean-Jacques Rousseau）

把煩惱轉嫁給別人，既損人又不利己

羅絲清清楚楚地記著一次電話談話。當時，工作上的壓力令她喘不過氣來。她的第二個孩子剛剛出生不久。她感到異常緊張。除了工作壓力達到巔峰之外，她還有新生的寶寶需要照顧，她跟丈夫的關係也出現了麻煩。

一天，羅絲接到了父親打來的電話。他打電話是為了過來看看羅絲的寶寶。但是，羅絲還沒有搞清父親的意圖，便一發不可收拾地發洩開了。

羅絲向父親歷數了每一椿令她心煩的事情。在所有的嘮叨之後，羅絲又說：「爸，這一切簡直讓我煩透了。」幾分鐘之後，父親又聽到一句髒話（是在羅絲的抱怨和怨恨中脫口而出的）。

在一個父親認為女兒會由於新生的寶寶而興高采烈的時候，女兒卻牢騷滿腹，喋喋不休，父親肯定覺得女兒生活得很不快樂。

談話結束之後，羅絲感覺好了一點，父親的感覺卻糟透了。羅絲把自己的壓力轉嫁到了他的頭上。這是一個在工作了幾十年之後、已經退休的老人最不需要的東西了。

第二天，羅絲仍然感到很緊張。因此，她抽空去了一趟超市買東西。

在購物的時候，羅絲知道父親出海航行，正在從菲利普灣港口到菲利普島的途中，他要把船放置在島上的一個乾碼頭。羅絲還知道媽媽正帶著咖啡和三明治驅車開往菲利普島，從那

兒把父親接回來。

那天上午，當羅絲回到家裡時，大約 11 點。幾分鐘之後，她的姐姐打來電話，宣布了令人震驚的訊息：爸爸在菲利普島突發心肌梗塞，已經去世了。

羅絲一下子癱倒了。因為就在昨天，她把自己的煩惱轉嫁給了父親，這也許間接導致了父親的死亡。

✎ 感悟

每個人都會有一大堆煩惱，不要把自己的煩惱轉嫁到別人身上，即使是一個普通的電話，也應該積極地應答；即使面對親近的人，也不要隨便發洩煩惱而不顧對方的感受。要知道，說者無意，聽者有心，有可能會導致嚴重的後果，讓你後悔不已。

✎ 格言

人在煩躁不安的時候，往往願意把別人也惹得煩躁不安。

—— 羅曼・羅蘭（Romain Rolland）

善良的心是風雪中的太陽，溫暖而明亮

1886 年 12 月的一個黃昏，貧窮的荷蘭畫家文森・梵谷（Vincent van Gogh），因為付不起房租，被迫冒著刺骨的風雪來

到一家廉價的小畫鋪的門前，幾乎是央求著小老闆開了門，希望能收購下他的一幅剛剛完成的靜物畫。

還算幸運，小畫鋪的老闆勉強買下了他的一幅靜物畫，給了他五個法郎。對於梵谷來說，這算是最大的恩寵了。他緊緊地抱著這五個法郎，趕忙離開了小畫鋪。

可是，當梵谷走在風雪交加的歸途之中時，他碰上了一個衣衫襤褸的小女孩。梵谷一下子就看出來了：她也正處在飢寒交迫之中。

看著可憐的女孩，梵谷完全忘記了房東此時正守在他的住處，等著他回去交房租，也忘記了如果再交不上房租，他將露宿街頭。他毫不猶豫地把自己剛剛拿到手的五個法郎，全部送給了這個素不相識的、楚楚可憐的小女孩。他甚至還覺得自己給予這個小女孩的幫助太少，於是便滿臉慚愧地、飛也似的離開了小女孩，消失在凜冽的風雪之中……

4 年之後，文森·梵谷 —— 這位嘗盡了世態炎涼和人生孤獨，年僅 37 歲的藝術家，便在苦難中悽慘地辭別了人世。

梵谷生前的繪畫成就始終沒有得到世人的承認，他飢寒交迫，流離失所。但他死後，所留下的作品卻成了整個世界光彩奪目的珍品。

更沒有人會想到，1886 年冬天的那個黃昏，他那幅僅僅賣了五個法郎的靜物畫，若干年後，在巴黎的一家拍賣行的第九號畫廊裡，有人出價數千法郎買下了它！

感悟

　　善是心靈的美德，不管在任何一個時代裡，人們需要的總是同一種善良。善良的心就像風雪中的太陽，溫暖而明亮。梵谷雖然逝世了，但是他的畫卻流傳千古，也可以說是一種善報。

格言

　　在一切道德品格之中，善良的本性在世界上是最需要的。

—— 羅素（Bertrand Russell）

用謙虛鑲邊，智慧的金石會更加燦爛

　　史蒂芬是一家公司市場行銷部的老業務員，近來心情特別煩，因為在連著四個月的業績評比表上，他都排在新業務員瑟琳娜之下。

　　史蒂芬百思不得其解，可是又不肯屈尊去向瑟琳娜請教，認為這樣會傷了一個老業務員的面子。於是，他想方設法進入了瑟琳娜的電腦系統，檢視她的客戶分布，結果被瑟琳娜發現。瑟琳娜立即提出嚴重警告：再這樣下去，別怪我不照顧你老前輩的面子啊！兩人的關係因此搞得很僵。

　　史蒂芬又做了許多努力，可業績仍然比不上瑟琳娜。他沉下心來仔細地想了又想，決定放下架子，不恥下問。史蒂芬特

意邀請瑟琳娜共進晚餐，誠懇請教。

這倒讓瑟琳娜不好意思了，她說：「以前我對你的態度有些過分，請多諒解。」然後談了自己做行銷的一些心得：「其實也沒什麼，只不過是看書多、上網多、領悟快、進步大一些而已。做行銷，開發客戶是一條路，而維繫老客戶更重要，因為老客戶感覺到你的誠信和友善，他自己會把親朋好友拉攏為你的新客戶。我特別準備了一個筆記本，記錄客戶的特殊情況，從而在細微處花心思，比如出差時看望他剛剛考入該地某個大學的孩子，比如送一份禮物給他的父母，替他挑一些鮮花帶給老人家……我從不認為這是工作以外的事，相反，做這個工作就要有『功夫在事外』的精神。我為每位老客戶設立了生日檔案，他們過生日，我會親自做一張精緻的賀卡，並配上小禮物郵寄給他們。很多客戶收到時都深受感動，特意打電話致謝……」

史蒂芬聽了這些，恍然大悟。在以後的工作中，他也用起了這幾招，果然業績迅速竄升，與瑟琳娜旗鼓相當了。更為可喜的是，他與瑟琳娜的關係也更友好了，合作起來也更愉快了。

✎ 感悟

放棄個人英雄主義，學會向別人求助，不僅會使你得到更快更好的發展，也能表現出你的超人氣度。行為學家研究發現，大凡成功人士，往往都有謙遜的美德，能夠保持一種低姿態，虛心向他人請教。

> ✍ **格言**
>
> 智慧是寶石，如果用謙虛鑲邊，就會更加燦爛奪目。
>
> —— 高爾基（Maxim Gorky）

‖ 所有的人都值得尊重，包括地位比自己低的人

　　賈約翰剛來工作 1 年，就成為老闆眼中的紅人。在總經理辦公室工作的這段日子裡，他勤奮工作，同時暗暗思索總經理的性格和工作習慣，總經理準備做什麼事，還沒發話，他往往就能猜個八九不離十，搶在前頭準備去了。

　　這一點自然很受總經理的賞識，也無可厚非。遺憾的是，賈約翰有個習性：對人兩副嘴臉。在總經理面前，他的每一言行都表現得萬分尊重。對公司別的高階主管，他也非常尊重，因為他知道總經理最信賴這些高階主管。即使對公司的那些地位不是很重要的基層小主管，賈約翰也表現出了恰如其分的尊重，因為他明白這些人說不定哪一天就要晉升，成為對自己有影響的人。對和自己同等地位的普通職員，賈約翰可沒有那麼好的耐性，經常對同事愛理不理的，甚至對同事冷嘲熱諷，顯示自己高人一等。同事們漸漸也不屑搭理他，有的還在背後說他的壞話。

　　1 年後，傳出賈約翰將被破格提拔為總經理助理的訊息。賈

約翰心中不免暗喜，連那些在背後說他壞話的同事，也認為這次他可能要如願以償了。

然而，隨後不久發生的一件事，讓賈約翰不但與晉升失之交臂，還丟掉了自己的工作，被公司炒了魷魚。

公司接待室有一位長相平平的女孩，左臂還有點殘疾，賈約翰怎麼看都覺得不順眼。當他聽說那位女孩竟然和自己領一樣的薪水時，簡直就有些氣憤了。一天，那位女孩到總經理辦公室送報紙，正巧總經理不在，賈約翰就以極其不屑的神態說了幾句風涼話。那位女孩被氣哭了，奪門而去。

同事們暗中竊喜，他們都知道那位女孩是總經理的表妹，但誰也不告訴賈約翰。

不久，賈約翰被炒了魷魚。面對自己的下場，賈約翰傷感之後若有所悟：自己周圍的所有人都值得尊重，而不是只有一部分人值得享受這種權利。

✑ 感悟

任何一個明智的管理者都不會放任賈約翰這種嚴重缺乏平等意識、有損他人人格的人在自己身邊。他們知道，這樣的人不是一個好的員工、好的團隊成員，有朝一日，他會把所有在他尊重的標界之下的人踩上一腳，包括那些他曾經尊重得近乎阿諛的上司。

> ✑ **格言**
>
> 　也有人舉止粗放不拘禮儀，這種不自重的結果是別人也放棄對他的尊重。
>
> 　　　　　　　　　　　　── 培根（Francis Bacon）

虛心接受批評，因為批評常蘊含寶藏

　　美國南北戰爭時期，愛德溫・史坦頓（Edwin Stanton）是林肯總統的軍務部長。當時，為了取悅一些自私自利的政客，林肯簽署了一次調動兵團的命令。顯然，這項命令是不合軍事原則、也不利於軍事部署的。因此，史坦頓不但拒絕執行林肯的命令，而且還指責林肯簽署這項命令是愚不可及。

　　有人告訴了林肯這件事，林肯平靜地回答說：「史坦頓如果罵我愚蠢，我多半是真的笨，因為他幾乎總是對的。我會親自去跟他談一談。」

　　林肯真的去看史坦頓。史坦頓直言總統的這項命令是錯誤的，林肯虛心接受批評，就此收回了成命。

　　林肯之所以成為美國歷史上最富有人格魅力的總統，具有接受批評的雅量是原因之一。

　　偉人能夠做到虛心接受批評，普通如一位香皂業務員，他也做到了虛心接受批評。

有一位香皂業務員，一開始為高露潔（Colgate）推銷香皂時，訂單接的很少。他擔心會失業。他確信產品或價格都沒有問題，所以問題一定是出在他自己身上。

從此以後，每當推銷失敗，這位業務員總會在街上走一走，想想什麼地方做得不對：是表達得不夠有說服力？還是熱忱不足？

有時他會折回去，問那位商家：「我不是回來賣你香皂的，我希望能得到你的意見與指教。請你告訴我，我剛才什麼地方做錯了？你的經驗比我豐富，事業又很成功。請給我一點指點，請直言無妨，不必保留。」

香皂業務員的這個態度為他贏得了許多友誼以及珍貴的忠告。後來，他升任高露潔公司總裁，而高露潔公司是當代最大的居家清潔用品公司之一。他，就是立特先生（Edward H. Little）。

✎ 感悟

當我們因別人的批評而怒火中燒時，何不先告訴自己：「等一下……我本來就不完美。連愛因斯坦（Albert Einstein）都承認自己 99% 都是錯誤的，也許我起碼也有 80% 的時候是不正確的。這個批評可能來得正是時候，如果真是這樣，我應該感謝它，並設法從中獲得益處。」

> 📖 **格言**
>
> 批評，這是正常的血液循環，沒有它就不免有停滯和生病的現象。
>
> —— 奧斯特洛夫斯基

嫉妒是無能的表現，會使自己劣上加劣

史特勞斯父子都是蜚聲世界的音樂家，然而這對父子卻形同路人。

兒子小史特勞斯（Johann Strauss II），並不是他的父親老史特勞斯（Johann Strauss I）有意栽培出來的。相反，當兒子才 6 歲就能在家裡彈奏自己構思的圓舞曲時，老史特勞斯不但不為兒子高興，反而深感不安，於是他禁止兒子從事一切音樂活動。

有時，老史特勞斯偶爾回家發現兒子在練琴，竟然用鞭子粗暴地抽打兒子。老史特勞斯的妻子只好偷偷地請教師來教兒子。

待兒子漸漸長大，老史特勞斯的猜忌心理變本加厲，甚至讓人傳言警告維也納城內務大舞廳，倘若有誰請小史特勞斯演出的話，那麼圓舞曲之王本人老史特勞斯就拒絕在此演出。

有一次，老史特勞斯聽說兒子有一場演出後，就決定在同一時間也舉行一場音樂會，但到後來知道自己的門票在黑市上沒有兒子的價位高時，又取消了音樂會計劃。

他為此狂怒不已，終於病倒了。

老史特勞斯一輩子都在嫉妒兒子，直至暮年態度才有所改變，但仍然對兒子很冷漠。

> ### ✐ 感悟
>
> 妒忌之心是人與人交往的巨大障礙，它的背後是貪婪和自私。同時，嫉妒也是無能的表現。嫉妒別人，證明對方的才能高於自己，此時最好的辦法是虛心求教，而不是心懷嫉妒。

> ### ✐ 格言
>
> 切莫嫉恨別人的偉大。不然你會因為妒忌而使自己劣上加劣，與別人的差距越拉越大。
>
> —— 喬治·赫伯特（George Herbert）

做人太自私，只會孤立自己

美國的貴婦人貝爾太太在亞特蘭大城外修了一座私人花園。花園又大又美，遊客絡繹不絕。

年輕人在綠草如茵的草坪上跳舞；小孩子在花叢中追逐、嬉戲；老人在池塘邊垂釣；中年人在林蔭路上散步。

貝爾太太看到這麼多人在她的花園裡，非常生氣，她覺得這些人太沒有禮貌了，這是自己的私家花園，憑什麼供那麼多

人使用？

於是她就叫僕人在園門外掛了一塊牌子，上面寫著：「私人花園，未經允許，請勿入內。」

可是遊人視牌子如不見，每天仍是人來人往。

貝爾太太苦思冥想後，想出了一個絕妙的主意，她讓僕人把園門外的那塊牌子取下來，換上了一塊新牌子，上面寫著：

「歡迎你們來此遊玩。為了安全起見，本園的主人特別提醒大家，花園的草叢中有一種毒蛇。如果哪位不慎被蛇咬傷，請在半小時內採取急救措施，否則性命難保。最後告訴大家，離此地最近的一家醫院在威爾鎮，驅車大約 50 分鐘即到。」

這一來，非常奏效。遊客看了這塊牌子後，就再也不敢進去玩了，花園裡再無人走動。

貝爾太太很高興：終於可以獨自享用自己的花園了。但她沒有想到，由於花園裡沒有那麼多人走動，幾年後，花園裡真的有毒蛇橫行，荒廢了。

感悟

孟子曾問梁惠王：「獨樂樂，與人樂樂，孰樂？」梁惠王答：「不若與人。」在此，一個人享受花園的快樂，比不上與眾人一起享受花園的快樂。任何事也都如此。做人太自私，只會使大家遠離自己，最終一個人憂鬱寡歡。

✎ 格言

　　人一生下來就離不開別人；誰只為自己活著，誰就枉活一世。

—— 法蘭西斯‧誇爾斯（Francis Quarles）

第四章

保持高度自信，做最好的自己

只有認識你自己，才能找回自信

有一次，美國從事個性分析的專家羅伯特‧菲利普，在辦公室接待了一個流浪者。此人因自己創辦的企業倒閉而負債累累，妻離子散、到處流浪。

流浪者一進辦公室便開門見山地說：「我來這裡，是想見見這本書的作者。」說著，從口袋中拿出一本名為《自信心》的書，那是羅伯特許多年前撰寫的。

流浪者繼續說：「當我決定跳進密西根湖，了此殘生時，是命運之神把這本書放入了我的口袋中。我是一個命運多舛的人，所有人（包括上帝在內）都已拋棄了我，我徹底絕望了。是這本書救了我，它為我帶來生的勇氣及希望。我想，只要我能見到這本書的作者，我一定能重新站起來。現在，我來了，你能幫我做些什麼嗎？」

在他說話的時候，羅伯特從頭到腳打量眼前這位流浪者，發現他眼神茫然、表情沮喪、神態緊張、滿臉憔悴。看上去，他已經到了不可救藥的地步。

羅伯特聽完流浪漢的故事，想了想，便拉著他的手，領他來到從事個性分析的心理實驗室裡，和他一起站在一塊看起來像是掛在門口的窗簾破布之前。羅伯特把窗簾破布拉開，露出一面高大的鏡子，流浪漢可以從鏡子裡看到他的全身。羅伯特指著鏡子說：「在這世界上，只有這個人能夠拯救你，除非你坐

下來，徹底認識他，就像你從未認識他一樣，否則，你只能跳入密西根湖裡。」

流浪漢聽了羅伯特的話，便朝著鏡子走了幾步，對著鏡子裡的人從頭到腳開始打量起來，過了幾分鐘，他後退幾步，低下了頭，開始哭泣起來。過了一會兒，羅伯特領他走出電梯間，送他離去。

幾天後，羅伯特在街上碰到了這個流浪漢，他面目已煥然一新，只見他西裝革履、神采奕奕、昂首挺胸、步履輕快。他說，他感謝羅伯特先生，讓他找回了自己。

後來，那個人真的東山再起，成為芝加哥的一名富翁。

🖊 感悟

有時一個人並不認識自己、了解自己，看著鏡子裡的你，甚至會有一種陌生的感覺。不能認清自己，這也正是人性的弱點之一。而一個人只有真正地認識自己，才能在失敗中找到自信，才能在生活的風浪中，把握好航行的舵，最終達到理想的彼岸。

🖊 格言

意識到自己的存在就是最大的幸福。

—— 班傑明・迪斯雷利（Benjamin Disraeli）

遺失了「自我」，就會在人生的航程中觸礁

揚帆是一位音樂人 —— 作曲家，而且是相當不錯的一位。在一定程度上，音樂曾經給揚帆帶來了從未夢想過的收入，他享受到了事業的成功。然而，就在揚帆的事業處在成功的那個階段，不知是從哪一刻起，揚帆的頭腦開始發熱。揚帆忘記了自己是誰。

揚帆以為自己可以當物業經理、林場開發、遊輪經營者、酒店主人、餐廳老闆等等，於是，揚帆把自己的時間大都用在了對陌生領域的關注上，他坐在會議室裡討論著一些他一知半解的事情。漸漸地，他用在作曲上的時間越來越少。

可是，揚帆自我感覺很好：他擁有一輛漂亮的汽車，一條時髦的遊艇，他感覺自己已經超越了自己卑微的出身 ——「只不過是一個寫歌的」。他受到別人的尊重，至少自己是這麼認為的。

然而，突然之間，這一切都變了。揚帆「受人尊重」的理想王國開始塌陷。不久，揚帆就站到了他的債權人面前，請求他們的寬恕。揚帆避免了破產，卻變得一無所有：沒有了房子，沒有了汽車，沒有了收入，沒有了自信，沒有了未來。

後來，揚帆發熱的頭腦終於冷靜下來，他記起了自己是誰。他記起了一個事實：我能作曲，我能彈奏樂器。因此，揚帆回歸了自我，組建起一支樂隊。樂隊取得了不菲的成績，揚

帆的自信心開始重新建立起來 —— 他發現自己還能行！

　　揚帆的生活變得簡單，即使當他因工作而忙碌的時候，他內心仍然保持著一種平靜。他只對那些跟自己的才能相關的事情感興趣。偶爾，有人會帶著一筆交易或一項建議找上門來。這時，揚帆總是問自己四個問題：它跟音樂有關係嗎？我對它了解嗎？我需要它嗎？它能提高我的生命品質嗎？而回答常常是否定的。

✎ 感悟

　　一個人只有認清自我，不要去過多地關注那些與自己的工作和愛好毫不相關的事情。才能更好地享受生活，也才能在事業上取得一定的成就。因此任何時候，都不能飄飄然忘乎所以。回歸自我，不要忘記自己是誰。

✎ 格言

　　人最重要的是發現自我。因此，你必須常常孤獨和沉默地思索。

—— 南森（Fridtjof Nansen）

你的身上潛伏著巨大的潛能，要善於開發它，利用它

有一個古老的印度傳說。

有一段時期，地球上所有的人都是神，但人類是如此充滿罪惡並濫用神權，以至於梵天（Brahma）—— 一切眾生之父，決定剝奪人類所擁有的神性，並把它藏到人們永遠也不會重新發現的地方，以免他們濫用它。

「我們將把它深埋於地下。」其他的神說道。

「不，」梵天說，「因為人類會挖掘到地層深處，並發現它。」

「那麼我們將把它沉入最深的海。」神們說道。

「不，」梵天說，「因為人類會學會潛水，在海底發現它。」

「我們將把它藏在最高的山上。」神們說。

「不，」梵天說，「因為人類總有一天會爬上地球的每座山峰捕獲到神性。」

「那我們實在不知道應藏在哪兒，人類才不會發現。」一小部分神說道。

「我告訴你們，」梵天說，「把它藏在人類自己身上，他絕不會想到去那裡尋找。」諸神贊成。

於是他們就這樣做了，把「神性」藏在我們每個人身上。自

從那時起人類一直遍訪世界，透過挖掘、潛水和攀登尋找那類似於神一樣的品格，而這種品格卻一直隱藏在自己身上。

✎ 感悟

　　這則寓言告訴我們：每個人身上都有著巨大的「神性」——潛能，正是由於它的存在，人們才能透過自己的努力，實現人生的輝煌。只不過，並非所有的人都能開發自身的潛能，並善於利用它。

✎ 格言

　　人的本質就是一種特定的潛能。

—— 弗洛姆（Erich Fromm）

當置身於逆境之中時，要讓逆境激發出內在的潛能

　　安東尼‧伯吉斯（Anthony Burgess）40 歲的時候，得知自己患了腦癌，而且最多能活 1 年。他知道自己必須和命運搏鬥。當時，由於破產，他沒有任何東西可以留給自己的妻子琳娜（Llewela Isherwood Jones），而她馬上就要成為一個寡婦了。

　　伯吉斯並不是一個職業小說家，但他知道自己具有寫作的潛力。為了給琳娜留點錢，他開始嘗試寫小說。他不知道自己

寫的東西能否出版，然而他別無選擇。

他說：「那是 1960 年的 1 月，醫生預言我只能活過當年夏天了。我的生命將隨著秋葉的飄落而凋零。」

那段時間，伯吉斯拚命寫作。在新年的鐘聲敲響之前，他完成了五部小說 —— 這個數字接近英國小說家福斯特（E. M. Forster）畢生的創作，兩倍於美國小說家沙林傑（J. D. Salinger）的創作。

然而，伯吉斯並沒有死。他的病情得到了緩解，癌細胞逐漸消失。當然，妻子也沒有成為寡婦，他們仍然快樂地生活在一起。

從此之後，小說創作成為伯吉斯畢生的職業（其代表作為《發條橘子》〔A Clockwork Orange〕）。他一生寫了 70 多部書，算得上是一個極為高產的作家。然而如果沒有那個可怕的死亡預言，他也許根本就不會從事寫作。

☜ 感悟

從理論上來說，人的潛能是無限的。然而，這些巨大的潛能有時候要在某種緊急情況下才能激發出來。由此看來，生活不能太過舒適、輕鬆，否則難免流於平淡乃至平庸。

☜ 格言

人才免不了遇到障礙，然而障礙會創造天才。

—— 羅曼・羅蘭

只有打破自我局限，才能獲取傑出的成就

有一位老太太已經 70 歲了，她在回顧自己的人生時，發現自己最大的遺憾，就是沒有登上日本的富士山，觀賞燦爛的櫻花。

這種人生之憾折磨著老太太，很快，她對自己說：「反正也是快入土的人了，倒不如努力試試，說不準我還真能如願呢。」

於是，老太太便在 70 歲時開始學習登山技術。她周圍的人對此無不加以勸阻，認為這無非是一個沒有實現的夢想罷了，而且也絕對不可能再實現的了。老太太不以為然，她不顧任何人的勸阻，毅然進行著艱苦的登山訓練。

隨著訓練的進行，老太太登富士山的願望越加堅定，逐漸成為她心中最為神聖的夢想。她不辭辛苦地進行訓練，一次次向富士山挑戰，但都以失敗而告終。老太太依然毫不畏縮，因為任何困難都已嚇不住她了。

終於，在 95 歲高齡之時，老太太登上了富士山，打破了攀登者年齡的最高紀錄。那一刻她對著大山說：「我來了！」

這位老太太叫胡達‧克魯斯（Hulda Crooks）。

✎ 感悟

大多數人都自以為能力有限，做不成什麼大事。然而，我們所謂的「以為」根本不是真正的了解，而只是對一種不正確的、自我局限的成見信以為真。而自我限制的成見，是我們獲取傑出成就的最大障礙。

> ## ✎ 格言
>
> 　　讓你的理想高於你的才幹，你的今天有可能超過昨天，你的明天才有可能超過今天。
>
> 　　　　　　　　　　　　　　　—— 紀伯倫（Kahlil Gibran）

‖ 堅定正向的人生態度，能戰勝一切艱難與厄運

　　1994 年 4 月的一天，佩里（Perry Cross）在一場美式足球比賽中，在做一個高難度的防守動作時摔倒在地，脖子被折斷。

　　當時，他年僅 18 歲。

　　他的倖存是現代醫學的奇蹟之一。傷後 3 個月他不能進食，6 個月之後才開始能夠講話。在跟醫生進行了持久的談判和家人一如既往的支持下，醫生允許他出院，回到在黃金海岸的家中去住。

　　從脖子被折斷到出院歷時僅 8 個月！他創下了一項時間紀錄 —— 很多四肢癱瘓的病人永遠都沒有離開醫院，即使出院，也是在 18 個月這個里程碑之後。

　　20 歲時，佩里報名參加了一個演講訓練班，他想讓演講代替體育成為他新的運動。

　　起初，老師對佩里還持懷疑態度。但隨著談話的繼續，老師的疑慮很快就融化了。是的，他很清楚課堂上的其他學員可

能會覺得他的出現很難接受，甚至第一次見面還會嚇著他們。然而，佩里相信他能全心全意地地投入課程，並在六週的學期內完成每週一次的作業。老師驚奇地發現自己對於能跟他合作有點興奮不已。

開課的第一天晚上，佩里坐在他那架電動輪椅裡「走」進了討論室。他講起話來如行雲流水一樣自然，大家都被他身上沒有絲毫的自憐痕跡和表現出的巨大決心所震撼。六個星期的時間很快就過去了，每個人都對這位不可思議的年輕人產生了仰慕、尊重和關心之情。

在演講課程結束的時候，老師對佩里的生命活力和談話的威力肅然起敬，主動提出幫助他開始職業演說生涯。佩里的新職業開始後的僅僅六個月，便與戰無不勝的勵志演說家勞麗・勞倫斯（Laurie Lawrence）、體育冠軍蓋伊・安德魯斯（Guy Andrews）和雷恩・科貝特（Ryan Corbett）同臺發表演講。每當佩里的關於征服生命中的障礙和關於價值關係的鼓舞人心的演講結束時，聽眾都報以持久的熱烈掌聲。

佩里創造了歷史，成為澳洲第一位四肢癱瘓的職業演說家。

✎ 感悟

堅定正向的人生態度能征服生命中最大的障礙。所以，無論人們置身於何種處境，尤其是艱難的環境，都要勇敢地對自己說：「你的潛力是無限的，你一定能成功。」

> ✎ **格言**
>
> 透過滿地的積雪，我看到了玫瑰的花蕾。
>
> —— 愛默生（Ralph Waldo Emerson）

只有認清自己的特長，才能最終大有成就

格雷格·洛加尼斯（Gregory Louganis）開始上學的時候很害羞，講話和閱讀上也有些困難，為此他受到了同伴的嘲笑和作弄。這令洛加尼斯非常沮喪和懊惱，但他同時也發現自己非常喜歡並且精通舞蹈、雜技、體操和跳水。

洛加尼斯知道自己的天賦在運動方面，而不是學習。當認清這些之後，他減輕了些自卑，並開始專注於舞蹈、雜技、體操和跳水方面的鍛鍊，以期脫穎而出，贏得同學們的尊重。

不久，由於自己的天賦和努力，洛加尼斯開始在各種體育比賽中嶄露頭角。

在上中學時，洛加尼斯發現自己有些力不從心了，因為無論是舞蹈、雜技、體操、跳水，都需要辛勤的付出，他不可能有這麼多時間和精力去做這麼多事。他知道自己只能專注於一個目標，但他不知要捨棄什麼、選擇什麼。

這時，他幸運地遇到了他的恩師喬恩 —— 一位前奧運跳水冠軍。經過對洛加尼斯嚴格的觀察和細緻的詢問後，喬恩得出

結論：洛加尼斯在跳水方面更有天賦。

洛加尼斯在經過與老師的詳細交談和自我反省後，認為自己的確更喜歡跳水。他意識到以前之所以喜歡舞蹈、雜技、體操，那是因為這些可以使他跳水更得心應手，可以為跳水帶來更多的花樣和技巧。他恍然大悟，於是專心投身於跳水之中。

經過專業訓練和長期不懈的努力，洛加尼斯終於在跳水方面取得了傲人的成就。他 16 歲時就成為美國奧運代表團成員，到 28 歲時就已獲得六個世界冠軍、三枚奧運獎牌、三個世界盃和許多其他獎項。由於對運動事業的傑出貢獻，洛加尼斯在 1987 年獲得世界最佳運動員之稱和歐文斯獎（Jesse Owens Award），達到了一個運動員榮譽的頂峰。

✎ 感悟

一個人要實現自己的人生價值，就得正確認識自己，珍惜有限的時間，選擇最適合於自己的事情去做。只有這樣，才能發揮自己的所長，且把這種長處發揮到極致，做到與眾不同，從而大有成就。

✎ 格言

如果我們能了解我們的處境和趨向，那麼我們就能更好地判斷我們應該做什麼，以及怎樣去做。

—— 林肯

要想活得身心愉快，
就要在生活的舞臺上扮演好「自我」的角色

愛迪絲‧阿爾弗雷德（Edith Alfred）曾是一個極為敏感羞怯的女孩，本來長得就胖，再加上兩頰豐滿，這使她顯得更胖。愛迪絲的母親非常古板，她認為把衣服穿得太漂亮是一種愚蠢，而且衣服太合身容易撐破，不如做得寬大一點。她堅持讓女兒如此打扮，這使愛迪絲看上去更缺乏神采了。

愛迪絲從不參加任何聚會，也沒有什麼值得開心的事。上學後，她也不參與同學們的任何活動，甚至也不參與運動。她害羞至極，總覺得自己跟別人「不一樣」。

長大後，愛迪絲嫁了一位比她大幾歲的先生，但她還是沒有任何改變。她丈夫家是一個穩重而自信的家庭。她想要像他們那樣，但就是做不到。她努力模仿他們，也總是不能如願。他們幾次嘗試幫她突破自己，卻總是適得其反，把她推到更壞的處境。愛迪絲越來越緊張易怒，害怕見到任何朋友，甚至一聽到門鈴聲都會驚慌失措！

就是在這種情形之下，婆婆的一句話改變了她的現狀，進而改變了她的一生。

有一天，婆婆和愛迪絲談到自己是如何教育子女的，她說：「不論遇到什麼事，我都堅持讓他們保持自我本色⋯⋯」

「保持自我本色」，這幾個字像一道靈光閃過腦際，愛迪絲

發現所有的不幸都起源於她把自己套入了一個不屬於自己的模式中去了。

一夜之間全變了！愛迪絲開始保持自我本色。她努力研究自己的個性，認清自己，並找出自己的優點。她學會了怎樣搭配衣服的色彩與選擇衣服的樣式，以便穿出自己的品味。她主動結交朋友，還加入了一個團體。

不久，愛迪絲就充滿了自信，可以從容自如地對待生活中的一切人和事了。

✎ 感悟

　　生活中，人們常常扮演自己並不喜歡的角色，或者因為心有所圖，或者因為患得患失。這樣做，不僅活得太累，也會一事無成。要緊的是要保持自我，這樣才會身心愉快，才會有所成就。

✎ 格言

　　什麼是人的首要責任？答案是簡單的：保持自我。

—— 易卜生（Henrik Ibsen）

‖ 與其刻意掩飾不足，倒不如把它變成特色

凱絲·達萊（Keith Darley）是一位公車司機的女兒。她想當歌星，但不幸的是，她長得不好看，嘴巴太大，還長著齙牙。

第一次在紐澤西的一家夜總會裡公開演唱時，凱絲想用上唇遮住牙齒，企圖讓自己看起來顯得高雅一些，結果卻把自己弄得四不像。這樣下去，她注定要失敗了。

幸好當晚在座的一位男士認為她很有歌唱的天分，他很直率地對凱絲說：「我仔細觀看了你的表演。看得出來你想掩飾什麼，你覺得你的牙齒很難看嗎？」

凱絲聽了這話覺得很難堪，恨不得轉身而去。可那個人還是繼續說了下去：「鮑牙又怎麼樣？那又不犯罪！不要試圖去掩飾它，張開嘴就唱。你越不以為然，聽眾就會越喜歡你。再說，這些你現在引以為恥的鮑牙，將來可能會帶給你財富呢！」

凱絲‧達萊接受了那人的建議，把鮑牙的事拋諸腦後。從那次以後，她只把注意力集中在觀眾身上。她開懷盡情地演唱，毫不在意自己那突出的鮑牙。後來，凱絲‧達萊成了電影及電臺走紅的頂尖歌星。在她唱紅之後，別的歌星倒想來模仿她了。

> ### ✎ 感悟
>
> 揚長避短固然是一個人走向成功的重要法則，但刻意掩飾自己的不足，卻往往適得其反。尤其是形象、性格上的那些不足，欲蓋彌彰，倒不如以本色示人，把不足變成特色 —— 演藝界有這樣的例子，政壇、商界也有這樣的例子。

> ✍ **格言**
>
> 　準確地看到自己的本來面目，必然的結果是：接受自己的本來面目。
>
> —— 杜加爾（Roger Martin du Gard）

▌如果自認是泥塊，那就真的會變成泥塊

　　拿破崙有一句名言：「我成功，是因為我想要成功。」不僅如此，他從小就有成功的自信。儘管他出身寒微，但他從不看輕自己。他自信必將在同鄉、同學、同事中脫穎而出，成為頂天立地的偉人。

　　拿破崙自己是這樣想的，也是這樣做的；同時，他也要求自己的將士們這樣想、這樣做。

　　有一次，一個士兵從前線飛馳而歸，將戰訊呈遞給拿破崙。因為路程趕得太急促，他的坐騎在還沒有到達拿破崙的總部時就倒地累死了。拿破崙立刻下了一道手諭，交給這位士兵，叫他騎上自己心愛的坐騎，火速趕回前線。

　　這位士兵瞧著那匹魁偉的駿馬，還有上面所配華貴的馬鞍，不自覺戰戰兢兢地脫口而出：「不，將軍！我只是一個平凡的士兵，這坐騎太偉大，太好了，我受用不起！」

　　拿破崙斬釘截鐵地回答他：「對於一個法國的兵士，沒有一

件東西可以稱為太偉大、太好而不能受用的！」

那位士兵受到統帥的鼓舞，矯健地翻身躍上馬背，神采飛揚地行了一個軍禮，策馬奔馳而去。

後來，這位士兵成為那次戰役中表現最出色的戰士，再後來，這位士兵成為拿破崙麾下戰無不勝的驍將。

> ## 感悟
>
> 　　世間有不少原本可以成就大業的人，但是他們最終只得平平淡淡地老死，度過自己平庸的一生。他們之所以落得如此命運，就因為他們對於自己期待太小、要求太低的緣故。請記住美國科學家的話吧：「假使我們自比為泥塊，那我們將真的會成為被人踐踏的泥塊。」

> ## 格言
>
> 先相信你自己，然後別人才會相信你。
>
> —— 屠格涅夫

從空虛和失去的痛苦中走出，人生更為豐富

希思和丈夫沃里克都是畫家，各自保持著獨立的工作，他們之間的摯愛和獻身藝術的精神使他們倆緊緊地結合在一起。

不幸的是，沃里克患上了絕症，在與病魔頑強抗爭了 8 年

之後，他離開了人世。

當希思眼睜睜地看著護理師把沃里克的屍體放進一個黑色的塑膠口袋時，她的心簡直要碎了。她呆呆地站在療養院門外的街上，目送著他們用一輛小車把他拉走。

就是在那個時候，希思體驗到黑暗和無望的憂鬱。她脫離了家人與朋友，甚至心理顧問和支持團體都不能給她絲毫的安慰。

她的身體健康每況愈下，她開始對自己的作品感到不滿意，她所有的靈感似乎都遠離了她。希思不得不面對一個殘酷的現實：她已經到了山窮水盡的地步，同時又面對著可怕的空虛。

逐漸地，一步一步地，希思開始意識到：黑暗是一個人傷痛癒合和發生改變的必須過程。在這個過程中，舊的已經結束，但新的尚未開始 —— 一個生物學上稱之為變態的過程，就像在黑暗的蛹中，毛毛蟲從一個蠕動的、只會咀嚼葉子的、蛆一樣的東西變成一隻能自由飛翔和吮吸花蜜的美麗蝴蝶。

這種對生活的看法使她又撐過痛苦的 2 年，直到終於有一天，她又能富有創造性地作畫了。

希思覺得，丈夫的去世使她發生了深刻的變化。在學著如何去面對空虛和失去的過程中，她在更深的層次上獲得了熱情與動力。儘管這種經歷是痛苦和令人心碎的，它卻極大地豐富了希思的人生，她將永遠銘記它。

🖊 感悟

　　當人們處在巨大的痛苦中時，一定要學會如何去面對空虛和失去，給自己一段體驗悲痛的時間，然後人們才會獲得新的前進的動力。蛻變是一個艱難的過程，但只要不放棄，總有一天，會破繭成蝶。

🖊 格言

　　強烈而短促的痛楚比昏睡的折磨有用。

—— 保羅・瓦勒里（Paul Valéry）

▌積極向不幸挑戰，是走出不幸境遇的途徑

　　1989 年，數千家澳洲公司企業被一樁長達六個月的國內航空公司糾紛拖入一場危機之中。韋恩的公司就是其中之一。

　　它是一個以研究班形式而設的人力資源開發公司，在全國幾乎每個州都有分支機構，但不到兩個月，韋恩那個擁有 12 年歷史、已是非常成功的公司就難以為繼地垮掉了。韋恩的自信心急轉直下。

　　韋恩開始顧影自憐。一連數月，生活在沮喪之中，對任何一個願意聽他故事的朋友講述自己的不幸經歷。

　　突然，有一天晚上，韋恩在南亞拉（South Yarra）的一個咖啡館裡遇到了一個非同尋常的人 —— 一個對他的生活將產生重

大影響的人。當這個人聽完韋恩的故事後，便直直地盯著韋恩的眼睛，最後問道：「韋恩，你將如何去收拾這種結局？你將如何去讓你的生活重新進入軌道？」

韋恩對這個人缺乏感情的反應幾乎感到震驚。從此以後，這個朋友每天都打來電話，問這幾個同樣的問題，並且每一次都拒絕聽他悲哀的託詞。

後來，突然有一天，韋恩意識到，這位朋友對自己是如此不近情理，是因為這個人在真正地關心我、幫助我！在以後的日子裡，這位朋友有意告訴韋恩一些韋恩的其他大多數朋友都不曾有意告訴他的、關於韋恩自身的事情。

在那些日子裡，無論在事業上，還是在個人生活上，韋恩不再為自己尋找託詞，而是積極去改變現狀、挑戰不幸。結果，他在過去的 5 年中比在它前面的 10 年中獲得的成功還要大。

隨著韋恩的新公司的不斷成長壯大，他那位最初的「不近情理的朋友」 —— 溫迪，終於成為他公司的執行經理。幾年之後，韋恩娶了這位「不近情理的朋友」。每天，韋恩都感謝上帝 —— 溫迪在他最需要的時候走進了他的生活。

✎ 感悟

當人們處於不幸的境遇中時，常常無比沮喪，為自己尋找種種悲哀的託詞，不肯重新振作起來。而只有積極向不幸挑戰，走出自卑，才能擺脫不幸。

格言

無畏的氣概可祛災避難。

—— 普勞圖斯（Plautus）

擺脫「心理牢籠」的囚禁，方能快樂自信地生活

前蘇聯著名作家別林斯基（Vissarion Belinsky）講過一個故事：

一位公司職員，有一天覺得自己好像生病了，就去圖書館借了本醫療手冊，看該怎樣醫治自己的病。當他讀完介紹霍亂的內容時，方才明白，自己已經罹患霍亂好幾個月了。他被嚇住了，呆呆地坐了好幾分鐘。

後來，他很想知道還患有什麼病，就依次讀完了整本醫療手冊。這下他更明白了，除了膝蓋積水症外，自己一身什麼病都有！

起初，他走去圖書館時，還覺得自己是個幸福的人，而當他走出圖書館時，卻被自己營造的「心理牢籠」所監禁，完全變成了一個渾身是病的老頭。

他決心去找自己的醫生。一進醫生家門，他就說：「親愛的朋友！我不用說我有哪些病，只需要說我沒有什麼病，我的命不會長了！我除了膝蓋積水症外什麼都得了。」

　　醫生給他下了診斷，坐在桌邊寫了些什麼就遞給了他。他顧不上細看就塞進口袋，立刻去取藥。趕到藥店，他匆匆把「處方」遞給藥劑師，藥劑師看了一眼，立即退給他說：「這是藥店，不是食品店，也不是飯店。」

　　他驚奇地望了藥劑師一眼，拿回處方一看，原來上面寫的是：

　　煎牛排一份，啤酒一瓶，六小時一次。

　　十英里路程，每天早上一次。

　　他照這樣做了，一直健康地活到今天。

✑ 感悟

　　現實生活中，有些人或由於自卑，或出於疑神疑鬼，常會把自己弄得無所適從，造成心理障礙。一旦被「心理牢籠」所囚禁，就不再有自信，也不再有快樂。這樣的人也將一事無成。只要我們正確認識自己，保持自信，就一定能擺脫「心理牢籠」的限制。

✑ 格言

　　除非你自己同意，否則沒有人能使你感到自卑。

　　　　　　　　　　　　　　　　—— 愛蓮娜‧羅斯福

一個人戰勝了自卑，便會從平庸走向傑出

白巖松和張越現在都是電視臺的著名主持人，誰也想不到，當初在上大學時，他們都是那麼自卑。

當年，白巖松從一個僅有 20 多萬人口的小城考進了大城市的大學。

上學的第一天，鄰桌的女同學問他的第一句話就是：你從哪裡來？而這個問題正是他最忌諱的，因為在他認為，出生於小城，就意味著小家子氣，沒見過世面，肯定被那些來自大城市的同學瞧不起。他很自卑，一個學期都不敢和同班的女同學說話。以至於一學期結束了，很多同班的女同學卻還不認識他！

張越當初也在城裡的一所大學裡上學。由於身材肥胖，她不敢穿裙子，不敢上體育課。她疑心同學們會在暗地裡嘲笑她，她終日在自卑中徘徊。

大學畢業的時候，她差點兒畢不了業，不是因為功課太差，而是因為她不敢參加體育長跑考試！老師說：「只要你跑了，不管多慢，都算你及格。」可她就是不跑，她想跟老師解釋，她不是在抗拒，而是因為恐慌，擔心自己肥胖的身體跑起步來一定非常的愚笨，一定會遭到同學們的嘲笑。可是，她連跟老師解釋的勇氣也沒有，茫然不知所措。她只能傻乎乎地跟著老師走，老師回家了，她也跟著。最後老師煩了，勉強算她及格。

　　後來，白巖松和張越都走出了自卑的陰影，相繼成為著名電視節目的主持人。在一個電視晚會上，她對他說：「要是那時候我們是同學，可能是永遠不會說話的兩個人。你會認為，人家是北京城裡的女孩，怎麼會瞧得起我呢？而我則會想，人家長得那麼帥，怎麼會瞧得上我呢？」

　　如今，白巖松經常對著電視機前的觀眾侃侃而談，是那麼從容自信。

　　張越憑著犀利的口才、敏銳的應變能力也讓觀眾嘆服不已，誰又會因為她的外貌而輕視她呢？

✎ 感悟

　　許多人常會因為出身或外表而自卑，其實大可不必。如果讓自卑的陰影永遠籠罩著你，那你將一事無成。只有相信自己的才能，不斷努力，才能戰勝自卑，也才有可能從平庸走向傑出。

✎ 格言

自信是從事大事業所必須具備的素養。

—— 塞繆爾・詹森（Samuel Johnson）

只有努力去嘗試，
才不會被想像出來的困難所嚇倒

20 世紀初，有個愛爾蘭家庭要移民美洲。他們非常窮困，於是辛苦工作、省吃儉用 3 年多，終於存夠錢買了去美洲的船票。當他們被帶到甲板下睡覺的地方時，全家人以為整個旅程中他們都得待在甲板下。而他們也確實這麼做了，僅吃著自己帶上船的少量乳酪和餅乾充飢。

過了一天又一天，他們以充滿嫉妒的眼光看著頭等艙旅客在甲板上吃著奢華大餐。最後，當船快要停靠愛麗絲島（Ellis Island）的時候，這家其中一個小孩生病了，做父親的去找服務人員求救：「先生，求求你，能不能給我一些剩菜剩飯，好給我的小孩吃？」

服務人員回答說：「為什麼這麼問？這些餐點你們可以吃啊。」

「是嗎？」這人疑惑地問，「你的意思是說，整個航程裡我們都可以吃得很好？」

「當然！」服務人員以驚異的口吻說，「在整個航程裡，這些餐點也供應給你和你的家人，你的船票只是決定你睡覺的地方，並沒有決定你的用餐地點。」

這個愛爾蘭家庭在想當然中喪失了機會，陷入令人悲憫的境地。而有些人卻勇敢地邁出了一步，取得了成功，下文中的莎麗即是很好的例子。

有位名叫莎麗的新聞記者，極為羞怯怕生。有一天，上司

叫她去訪問大法官布蘭迪斯（Louis Brandeis），莎麗大吃一驚，說道：「我怎麼能要求單獨訪問他？布蘭迪斯不認識我，他怎麼肯接見我呢？」

在場的一個記者立刻拿起電話打到布蘭迪斯的辦公室，和大法官的祕書講話。她說：「我是《明星報》的莎麗，我奉命訪問法官，不知道他今天能否接見我幾分鐘？」過了一會，她聽了對方答話後，然後說：「謝謝你，1 點 15 分，我按時到。」她把電話放下，對莎麗說：「你的約會安排好了。」

事隔多年，莎麗對這事仍然念念不忘，她說：「從那時起，我學會了單刀直入的辦法，做來不易，卻很有用。第一次克服了心中的畏怯，下次就比較容易一點。」

✎ 感悟

很多困難與障礙都是來自於我們的內心，其實它們根本不存在。當我們拋棄羞怯與恐懼，勇敢地往前邁出一步，我們會發現原本擔心的事情都是根本不會發生的，原本以為坎坷曲折的道路卻是坦然通暢。

✎ 格言

擔心，是人為的，這是任何身處逆境的人都有的心情，它使一個人的生活烏雲密布，精神受到壓抑。在此種情況下，只要你自己能夠為自己解脫；只要你想解脫，主動權就握在你手中。

—— 穆尼爾·納素夫

靠自己勞動生存的人，一定會贏得別人的尊敬

在紐約的一個雨天，一輛長途巴士行駛到站停下時，上來了兩位一老一小惹人注目的乘客。從相似的容貌很容易看得出，他們兩人是父子，而且都是身障人士。中年的男子雙目失明，而那大約 8、9 歲的男孩則是一隻眼緊閉著，只有另一隻眼能微微睜開些看著前面的路。

小男孩牽引著他的父親，一步一步地摸索到車上，直接走到車廂中央。當車子緩緩繼續前行時，小男孩的聲音也隨之響起：「各位先生、女士你們好，我現在唱幾首歌給大家聽，以解各位旅途的寂寞。」

這時候，音質很普通的電子琴聲響了起來，小男孩自彈自唱，孩子的歌聲有天然童音的甜美。唱完了幾首歌曲之後，男孩走到車廂頭，正如乘客所預料的那樣，他開始「行乞」了。

他沒有托著盤子，也沒直接把手伸到你前面，只是輕輕地走到你身旁，叫一聲「先生，小姐」什麼的，然後默默地站立著。所有人都知道他的意思，但都裝出不明白的樣子，有的人乾脆就不看他……

當男孩空著小手走到車廂尾部時，一位中年婦女很氣惱地尖聲大叫起來：「怎麼搞的，紐約這麼多乞丐，連車上都有？」

頓時，車上所有人的目光都集中到他倆的身上。沒想到，小男孩小小的臉上竟顯現出與年齡極不相稱的冷峻，聲音不大

不小不緊也不慢地說：「夫人，我不是乞丐，我是賣唱的。」

霎時間，所有淡漠的目光都變得生動起來，不知是誰帶頭鼓起了掌，片刻，車廂裡掌聲連成一片。隨後，人們相繼解囊，將錢塞進小男孩的手裡。

是啊，一個沒有生存能力的殘疾小男孩已經不屈地承受著生命，他怎麼可能是乞丐呢？他靠自己的勞動而生存，他是可敬的。

☙ 感悟

生活的壓力要求每個人對生存付出勞動，只有依靠自己的努力才能獲得生存的尊嚴。不論人們從事何種職業，只要他付出自己的勞動，也應得到人們的尊敬。因此，沒必要因從事的工作平凡而自慚形穢。

☙ 格言

滴自己的汗，吃自己的飯，自己的事情自己幹。靠人、靠天、靠祖上，不算是好漢。

—— 陶行知

每個人都是無價之寶，
關鍵是找到自己的價值所在

一個小夥子非常苦惱：「老師，我覺得自己什麼事也做不好，大家都說我沒用，又蠢又笨。我該怎麼辦呢？」

老師什麼也沒說，而是把一枚戒指從手指上摘下來，交給小夥子，說：

「請你騎著馬到市場去，先幫我賣掉這枚戒指，然後我才能幫你。記住要賣一個好價錢，最低不能少於一個金幣。」

年輕人拿著戒指離開了。

一到市場，他就拿出戒指給趕集的人看。人們圍上來看，而當年輕人說出了戒指的價格後，有人嘲笑他，有人說他瘋了，有人想用一個銀幣和一些不值錢的銅器來換這枚戒指，但年輕人記著老師的叮囑，拒絕了。

年輕人騎著馬悻悻而歸。他沮喪地對老師說：「對不起，我沒有換到您要的一個金幣。也許可以換到兩個或三個銀幣。」

「年輕人，」老師微笑著說，「首先，我們應該知道這枚戒指的真正價值。你再騎馬到珠寶商那裡去，告訴他我想賣這枚戒指，問問他給多少錢。但是，不管他說什麼，你都不要賣，帶著戒指回來。」

年輕人來到珠寶商那裡，珠寶商在燈光下用放大鏡仔細檢

驗戒指後說：「年輕人，告訴你的老師，如果他現在就想賣，我最多給他 58 個金幣。」

「58 個金幣？」小夥子驚呆了，他簡直不敢相信自己的耳朵。

「是啊，我知道，要是再等等，也許可以賣到 70 個金幣。但是，我不知道，你的老師是不是急著要賣……」珠寶商說。

年輕人激動地跑到老師家，把珠寶商的話告訴老師。

老師聽後，說：「孩子，你就像這枚戒指，是一件舉世無雙、價值連城的珠寶。但是，只有真正的內行才能發現你的價值。」

感悟

是金子總有發光的時候，在人生這個大市場裡，要自我珍視，一定能找到自己的價值所在。因為我們每個人都是無價的寶石。

格言

你如何看待自己遠比他人如何看待你重要得多。

—— 塞內卡（Seneca）

擁有健康的體魄，便擁有了自己的事業

瑪里‧居禮非常喜愛舞蹈，同時也喜歡爬山、游泳等活動。她說：「我愛舞蹈不僅是為了娛樂，也是為了運動和健身。」

她在對「鐳」的研究中，經過 8 年探索、4 年提煉終於取得成功。她之所以能承受長期繁重的腦力和體力勞動，以及風寒、煙、雨的侵襲，與她經常鍛鍊身體密不可分。

托爾斯泰（Leo Tolstoy）一生寫了許多著作，其中《復活》（Resurrection）、《戰爭與和平》（War and Peace）、《安娜‧卡列尼娜》（Anna Karenina）是舉世名著。他之所以能長期堅持大量的腦力勞動，也與他的身體健康密切相關。他熱愛自然風光，喜歡登山、游泳、摔跤、體操等運動。因而當他 80 歲時，仍能從事文學創作。

孔子的弟子顏回是很「好學」的「不惰者」。他與孔子「言終日」而不休息。他也很聰明，能「聞一而知十」。但他身體很弱，29 歲頭髮全白了，31 歲就「不幸短命死矣」，沒有留下什麼著述。

唐朝著名的詩人李賀，也是由於體弱，又不注意鍛鍊身體，27 歲就病故了。

唐朝最著名的文學家韓愈「年未四十，而視茫茫，而髮蒼蒼，而齒牙動搖」。如果不是這樣，他可能會為我們留下更豐富的文化遺產。

　　國外也不乏這樣的事例，羅馬尼亞人民為之驕傲的、創作《多伊娜》(*Doina*) 圓舞曲的奇普里安‧波隆貝斯庫 (Ciprian Po-rumbescu)，由於體弱多病，又不注意鍛鍊身體，結果活到 20 多歲，就被肺病奪去了年輕的生命。

✎ 感悟

　　「身體是革命的本錢」，沒有健康的身體，一切都是空談。生活在重重壓力之下的現代人，更應注意鍛鍊，增強體魄，這樣，自己的事業才有基本的保障。

✎ 格言

　　長期的身體毛病使最光明的前途蒙上陰暗，而強健的活力就使不幸的境遇也能放金光。

　　　　　　　　　　　　　　　　── 史賓賽 (Herbert Spencer)

第五章

正向樂觀，好心態造就亮麗人生

好心態看到的是星星，壞心態看到的是墳墓

有個女人叫瑪賽爾，曾陪同從軍的丈夫一起，來到非洲的一片沙漠之中。丈夫外出訓練時，她常常孤零零地獨自住在被沙漠包圍著的鐵皮房子裡；有時，甚至很長時間也收不到丈夫的一封來信。

瑪賽爾深感寂寞。雖然當地有土著人、印地安人和墨西哥人，但他們都不懂英語，無法陪她說話。而且在這裡，她也沒有什麼別的事情可做。孤寂吞噬著她的心，這要比生活的艱苦難過十萬倍，她倍感痛苦。

恰在此時，遠方父母的一封來信給了她極大的鼓舞。信極短，卻充滿了哲理：「兩個人從牢房的鐵窗望出去，一個看到了墳墓，一個卻看到了星星。」

讀了父母的來信，瑪賽爾頓時徹悟。她決定在茫茫沙漠裡尋找瑰麗的星星。她開始努力 —— 努力學習當地的語言，努力與當地人交朋友，努力收集各類土產，努力研究當地的一切：包括土撥鼠和仙人掌。於是，才奮鬥了幾天，她就深深感到，她的生活已經變得充實無比。

第 2 年，瑪賽爾將她的收穫一一整理成文，出版了一本叫做《快樂的城堡》的書。對於從未嘗試寫作的人來說，瑪賽爾這本書的寫作技巧還稍嫌稚嫩，但書中表現出的樂觀心態以及異域風情還是深深地吸引、打動了人們，因此獲得了不小的成功。

　　瑪賽爾興奮無比，她果然在茫無邊際的寂寞裡找到了「星星」，她再也不必長吁短嘆了！

🖋 感悟

　　影響人生的絕不僅僅是環境，更應該是心態。心態控制了一個人的思想和行動，心態也決定了一個人的視野、事業和成就。樂觀、正向地面對現實、面對環境，現實就會改變，環境就會美好起來。

🖋 格言

　　要麼你去駕馭命運，要麼是命運駕馭你。你的心態決定誰是坐騎，誰是騎師。

—— 佚名

希望是維繫生命的力量，是心靈深處的綠洲

　　澳洲紅色的中央沙漠是美麗的、獨一無二的 —— 在世界上，你再也找不到另外一個地方能像它那樣。

　　傑克是一個 23 歲的年輕小夥子，揹著背包，與自己心愛的女孩一塊兒旅行。他們乘公車、火車，或者搭乘別人的便車，在澳洲境內旅行。這是一次浪漫的冒險旅程。

　　作為一個年輕人，傑克認為在他們遊歷過的所有地方中，

印象最深的是棕櫚谷（Palm Valley）。

他們拜訪了烏魯魯（Uluru）和卡塔丘塔（Kata Tjuṯa），還在美麗的中央沙漠的夜空下共眠，但他們真的不曉得還會看到什麼景緻。

他們搭上一輛公車，開始向中央沙漠的腹地出發。這並不是一段太長的旅程，卻很崎嶇難行。行程很慢，而且非常顛簸。他們的公車奮力地走完那個地帶，最後，美麗的沙漠綠洲 —— 棕櫚谷終於呈現在他們的面前。

傑克簡直不能相信自己的眼睛。在世界上最乾燥的一塊大陸中最大一處沙漠的心臟中，竟然躺著一個生機勃勃、幾乎是熱帶植物王國的美麗山谷。他們的導遊講解說，這裡的很多棕櫚樹被認為是世界上最古老的棕櫚樹，這個山谷也已經存在了成千上萬年了。

他們得知，棕櫚谷有它自己一個維持生命的水源，不管在什麼情況下，不管中央沙漠的氣候有多乾、多熱，棕櫚谷仍能產出它的生命之水。

那天下午，當他們顛簸在返回愛麗斯泉（Alice Springs）的崎嶇道路上時，傑克突然意識到，在我們每個人的心中都有一個「棕櫚谷」。不管外在的環境有多難、多苦，每個人的內心都存在著一個美麗的、永不枯竭的、維繫生命的能量綠洲。這個綠洲使得人們的生命每時每刻都在繼續。

感悟

在每一個人的內心最深處，都有一種力量。這種力量支撐著人前進、奮發，不論多麼艱辛，也不願輕易放棄，這就是希望。而希望是維繫一個人生命內心最深處的力量，是每一個人心靈的棕櫚谷。

格言

人遭不幸，希望就是救星。

—— 米南德（Menander）

希望之燈常明，生命就堅韌無比

康倪是舊中國一個很不幸的女人，由於命運的安排，她幾乎經歷了一個女人所不能承受的一切事情。18歲時，她嫁給了鄰村的一個生意人。可結婚不久，丈夫外出做生意，便如同飛出的黃鶴，一去不返。有人說，他可能死在了途中；有人說，他可能在異鄉另有新歡。可是，她已經懷上了他的孩子。

丈夫莫名失蹤後，村裡人都勸她改嫁。可康倪卻一直堅信丈夫只是在外面忙著做生意，說不定哪一天發了大財就回來了。在這個念頭的支撐下，她帶著兒子頑強地生活著，甚至把家裡整理得更加井井有條。她想，假如丈夫發了大財回來，不能讓他覺得家裡又髒又亂。

時光飛逝，在兒子 17 歲的那一年，一支部隊從村裡經過，康倪的兒子跟部隊走了。

兒子走後又是音信全無。有人告訴說兒子在一次戰役中犧牲了，康倪不信，她甚至想，兒子不僅沒有死，而且還做了官兒，等打完仗了，就會衣錦還鄉。

儘管兒子依然杳無音信，但這個想像給了康倪無窮的希望。她是一個裹小腳的纏足婦女，不能下田種地，就做些繡花線的小生意。她告訴人們，她要賺錢把房子翻新，等丈夫和兒子回來時住。

有一年，康倪得了大病，醫生已經判了她死刑，但她最後竟奇蹟般地活了下來。她說，她不能死，她死了，兒子回來到哪裡找家呢？

這位老人一直到百歲了，還做著她的繡花生意。她天天算著，她的兒子生了孫子，她的孫子也該生孩子了。這樣想著的時候，她那布滿皺紋與滄桑的臉上，即刻會綻放出絢爛多彩如花一樣的笑容。

✎ 感悟

希望就像一盞明燈，指示著我們光明的前途；為了這前途，我們才有信心生存下去，有力量奮鬥下去。希望會使我們淡忘眼下的挫折，振作精神，投入生活。

> ✎ **格言**
>
> 　上帝在你面前擺下一座山，那麼你千萬不要在山腳下哭泣，懷著希望翻過它就是了！
>
> 　　　　　　　　　　── 維克多・雨果（Victor Hugo）

‖ 只要心中充滿陽光，陽光就會普照大地

　　第二次世界戰期間，納粹集中營裡的生活是慘無人道的，這裡只有屠殺和血腥，沒有人性、沒有尊嚴。那些持槍人像野獸一樣瘋狂地屠戮著，無論是懷孕的母親、剛剛會跑的兒童，還是年邁的老人。這裡的人們有的死於屠殺，有的死於疾病，也有相當一部分死於恐懼。

　　約翰・內森堡（John Nathanburg）是一位猶太籍心理學博士，他也被納粹抓進了集中營。在這裡內森堡時刻生活在恐懼中，這種對死亡的恐懼讓他感到一種巨大的精神壓力。集中營裡，每天都有因此而發瘋的。內森堡知道，如果不控制好自己的精神，他也難逃精神失常的厄運。

　　有一次，內森堡隨著長長的隊伍到集中營的工地上去服勞役。一路上，他產生了一種幻覺：晚上能不能活著回來？是否能吃上晚餐？他的鞋帶斷了，能不能找到一條新的？這些幻覺讓他感到厭倦和不安。於是，他強迫自己不想那些倒楣的事，而是刻意幻想自己是在前去演講的路上：他來到一間寬敞明亮

的教室中，精神飽滿地在發表演講。

漸漸地，自己的臉上慢慢浮現出了笑容。內森堡知道，這是久違的笑容。當他知道自己也會笑的時候，他也就知道了自己不會死在集中營裡，他會活著走出來。

當從集中營裡被釋放出來時，內森堡顯得精神很好。他的朋友大惑不解：「一個人怎麼可以在魔窟裡保持年輕？」內森堡心裡明白，那是因為自己心中充滿了希望。

✐ 感悟

　　心中充滿希望的人，無論是在多麼惡劣、艱難的環境下，總能抱著積極向上的心態，極大地開發出人的生存本能，從而絕處逢生。只要我們心中充滿陽光，陽光就會普照大地；只要我們心中充滿希望，願望就能變成現實。

✐ 格言

　　雖然世界充滿著痛苦，但是也充滿著克服痛苦的東西。

—— 海倫凱勒

▎背向太陽的時候，你只看到自己的影子

　　大鵬曾和一位名叫小燕的年輕女孩談戀愛。他們彼此頗有好感，情濃難釋，便決定一起走入婚姻的殿堂。

訂婚時他們覺得非常幸福，在結婚後還商量並買下了一套雖小但很可愛的公寓。

實際上，所有的朋友都嫉妒他們的房子。大鵬夫婦二人各有一份不錯的工作，還有一輛車。他們在銀行裡存了一點錢。他們覺得像生活在人間的天堂一樣。

但是，在大鵬和朋友聊天時，他們似乎都覺得這種生活不會長久。他們對他說：「看看你的好朋友黃鶯兩口子，剛結婚的那幾個月他們多幸福呀！再看看現在，他們卻有了那麼多的麻煩和煩惱。再看看鴻飛一家，他們一度也很快樂，而現在他們每天都會吵架。」

這樣的話大鵬聽得太多了，以至於覺得別人過的是一種正常生活，而自己和妻子過的卻是一種不正常的生活，他們這種人間天堂般的婚姻生活就像一隻氣球一樣，隨時都會破碎。在這種莫名的擔憂中，大鵬夫婦漸漸失去了往日的歡笑。

沒過多久，小燕失去了工作，大鵬隨後也失業了。他們被迫賣掉了房子和車子，不得不回家和大鵬的父母一起生活。而最糟糕的是，他們的女兒又在這時出世了。

「假如每次你剛把形勢扭轉過來，就會發生點兒什麼事把一切又毀掉的話，」大鵬喊道，「活著還有什麼意義呢？」他想自殺。他想，如果這就是生活的話，大可以現在就將它結束掉。

✎ 感悟

　　沒有任何東西會因為其美好而不會長久。運用自己正確選擇的能力，選擇正向的心態，生活中的一切對你來說都會變得順利而且美麗，甚至比你夢想的還要甜蜜。但如果總是處於消極之中，整天疑神疑鬼，杞人憂天，那麼幸福的生活也會被毀掉的。

✎ 格言

　　當你背向太陽的時候，你只看到自己的影子。

—— 紀伯倫

▎懷著消極的心態，成功將與你擦肩而過

　　1929 年下半年的某一天，石油勘探師奧斯卡在美國中南部的奧克拉荷馬州首府奧克拉荷馬城的火車站上等候火車往東邊去。他在氣溫高達 43 度的西部沙漠地區已經待了好幾個月，為一個東部的公司勘探石油。

　　奧斯卡畢業於麻省理工學院，成績優異。畢業後的工作實踐，更使他如魚得水，對石油勘探工藝和裝置做出了許多創新和發明。比如，他把舊式探礦杖、電流計、磁力計、示波器、電子管和其他儀器組合成勘探石油的新式儀器，極大地提高了工作效率和準確率。

　　現在，奧斯卡得知，他所在的公司因無力償付債務而破產了，於是他不得不踏上了歸途。他失業了，前景相當黯淡。消極的心態開始極大地影響著他。由於必須在火車站等待幾小時，奧斯卡決定在那兒架起他的探礦儀器用以消磨時間。儀器上的讀數表明車站地下蘊藏有石油。但奧斯卡不相信這一切，他在盛怒中踢毀了那些儀器！「這裡不可能有那麼多的石油！這裡不可能有那麼多石油！」他十分反感地反覆叫嚷著，也錯過了一個成功的機會。

　　無獨有偶，讓消極心態控制自己的還有一個叫維克多的人。不過，維克多適時調整了心態，從而改變了自己的人生。

　　在維克多 15 歲的時候，他的老師告訴他，他永遠不會畢業，最好是退學去做生意。維克多記取了這一忠告，在以後的 17 年中，一直做著一些簡單的工作。因為別人一直告訴他，他是一個劣等學生，所以這 17 年來，他對自己也沒有過高的要求。但是後來，一項測驗顯示，他是智商高達 161 的天才。這時他便開始發奮努力了。他一連寫了好幾本書，獲得了幾項專利，並且成為一個很了不起的商人。

感悟

　　如果一個人懷著正向的心態努力去做，相信成功遲早會到來；如果一個人接受了負面心態，總是害怕挫折和失敗，那麼，成功便會擦肩而過。

✒ 格言

成功吸引更多的成功，而失敗帶來更多的失敗。

—— 西方諺語

‖ 保持正向的心態，將引導我們走向成功

有一個冷酷無情的人，嗜酒如命且毒癮甚深，有好幾次差點兒把命都給送了。後來，他僅僅因為在酒吧裡看不慣一位服務生，竟然把他殺死了，因而犯下故意殺人罪，被判終身監禁。

這個人有兩個兒子，年齡相差僅 1 歲。其中一個跟他老爸一樣有嚴重的毒癮，靠偷竊和勒索為生，後來也因犯了殺人罪而坐牢。

另外一個兒子則全然不同，他擔任一家大企業的分公司經理，有美滿的婚姻，養了三個可愛的孩子，不喝酒，更不吸毒。

為什麼同出於一個父親，在完全相同的環境下長大，兩個人卻會有截然不同的命運？在一次訪問中，問起造成他們現狀的原因，兩人的答案竟然是相同的：「有這樣的父親，我還能有什麼辦法？」

是啊，「有這樣的父親，我還能怎麼辦？」我只好像父親那樣，走他的老路了，這話在那個不幸的兒子來說，潛臺詞是：父親又不能供我讀書，也不能對我的人生起什麼好作用；而在

那個成功的兒子來說，潛臺詞則是：這樣的父親是指望不上的，只有靠我自己努力了，我絕不能像父親那樣，我要活出自己的模樣來。

✍ 感悟

其實，每一個人都可以透過改變自己來改變環境 —— 脫離舊環境，創造新環境。而改變自己的關鍵，首要的就在於心態。如果我們總能以正向的態度對待人生，那麼生活將是五彩斑斕的，否則難免蒼白乏味。正向的態度對我們至關重要，有時候，由於我們缺乏正向的態度，好運也會從我們身邊溜走。

✍ 格言

不能重新安排生活的人，便不能奮力去面對現實，只有逃到染著「悲哀」一色的單調世界裡去。

—— 宮城音彌

▌以正向的態度迎難而上

有一天，某個農夫的一頭驢子，不小心掉進一口枯井裡。枯井中的驢子大聲哭叫著，牠的主人聞聲趕來了。農夫不想失去這頭驢子，便絞盡腦汁想辦法救出驢子。但幾個小時過去了，還是沒能救出驢子，驢子在井裡痛苦地哀嚎著。

最後，這位絕望的農夫決定放棄，他想這頭驢子年紀大了，不值得大費周章去把牠救出來。不過無論如何，這口井還是得填起來。

於是農夫便請來左鄰右舍幫忙一起填井，想將井裡的驢子埋了，以免除牠的痛苦。大家人手一把鏟子，開始將泥土鏟進枯井中。

泥土一鏟一鏟掉進井中，落在驢子的頭上身上。驢子察覺到主人的意圖，大吃一驚，牠開始悽慘地大叫。

農夫聽著驢子的慘叫，有些不忍心，但終終狠下心來說：「大家快點鏟土，等土把這頭驢埋起來，牠就叫不出聲了！」鄰居們都隨聲附和，更加賣力地鏟土。

但出人意料的是，一會兒之後這頭驢子就安靜下來了。

人們好奇地探頭往井底一看，出現在眼前的景象令他們大吃一驚：當鏟進井裡的泥土落在驢子的背上時，驢子的反應令人稱奇 —— 牠將泥土抖落在一旁，然後再站到鏟進的泥土堆上面！

就這樣，驢子將大家鏟到牠身上的泥土全都抖落在井底，然後再站上去。

很快地，這隻驢子便得意地上升到井口，在眾人驚訝的表情中快步地跑開了！

> ## ✑ 感悟
>
> 　　面對困難如果一味地害怕、迴避，於事無補，如能以正向的態度迎難而上，困難就會被克服。在征服困難的過程中，人們會得到鍛鍊，從而變得更加堅強。

> ## ✑ 格言
>
> 　　偉大的心胸，應該表現出這樣的氣概。用笑臉來迎接悲慘的厄運，用百倍的勇氣來應付一切的不幸。
>
> 　　　　　　　　　　　　　　　　　　　　　—— 魯迅

▍正向心態激發潛能，有助於把握成功機會

　　在美國頗負盛名、人稱傳奇教練的伍登（John Wooden），在全美 12 年的籃球年賽當中，為加州大學洛杉磯分校贏得 10 次全國總冠軍。如此輝煌的成績，使伍登成為大家公認有史以來最稱職的籃球教練之一。

　　曾經有記者問他：「伍登教練，請問你是如何獲得這樣輝煌成績的？」

　　伍登舉重若輕地說道：「其實很簡單，我始終保持一種『我能贏』的心態。」

　　記者又問：「那麼您是如何保持這種正向的心態的？」

　　伍登很愉快地回答說：「每天在睡覺以前，我都會打起精神

告訴自己：我今天的表現非常好，而且明天的表現會更好。」

「就只有這麼簡短的一句話嗎？」記者有些不敢相信。

伍登堅定地回答：「簡短的一句話？這句話我可是堅持了 20 年！簡短與否並不重要，關鍵在於有沒有持續去做，如果無法持之以恆，就算是長篇大論也毫無益處。」

伍登的積極超乎常人，不單是對籃球的執著，對於其他生活細節也總是保持這種精神。

朋友好奇地問他：「為什麼你的想法總是異於常人？」

伍登回答說：「一點都不奇怪，我是用心裡所想的事情來看待世界的，不管是悲是喜，我的生活中永遠都充滿機會，這些機會的出現不會因為我的悲或喜而改變。只要持久地讓自己保持正向的心態，我就可以掌握機會，激起更多的潛在力量。」

✎ 感悟

心態決定命運。這個世界是鮮花滿眼還是遍地荊棘，有時候就在於如何看待。擁有樂觀正向的心態，就會用更開放的理念看待生活，就會覺得工作中有更多的機會；就能激發潛在的身心力量，就能克服種種有形和無形的障礙。

✎ 格言

一個生活態度負面的人要比生活態度正向者更易遭到生活的波折。

—— 夏夫爾・馬丁（Xavier Martin）

‖ 積極向上的心態是不斷努力的源泉

　　阿塞姆的同事中有一位青年業務員，他在工作時常常使用卡內基的自我激勵警句以控制自己的心態。

　　這位業務員原本是一個 18 歲的大學生，是在暑假期間到保險公司去做保險推銷。在兩週的理論訓練期間，他學到不少東西。在有一些銷售經驗後，他計劃至少要在一週內銷售 100 份保險單。

　　到了星期五的晚上，他已經成功地銷售了 80 份，離目標還差 20 份。這位年輕人下定決心：什麼也不能阻止我達到目標。他相信：人的心理所設想和相信的東西，人就能用正向的心態去獲得它。雖然他那一組的另一位業務員在星期五就結束了一週的工作，他卻在星期六的早上又回到了工作職位。

　　到了下午 3 點，他還沒有成交一筆買賣。但他想：交易可能發生在業務員的態度上 —— 不在業務員的希望上。

　　這時，他記起了卡內基的自勵警句，滿懷信心地把它重複了五次：「我覺得健康，我覺得愉快，我覺得大有作為！」

　　大約在那天下午 5 點，他成交了 3 筆交易。這距他的目標只差 10 份了，他又熱情地再重複了幾次自勵警句：「我覺得健康，我覺得愉快，我覺得大有作為！」

　　大約在那天夜裡 11 點時，他疲倦了，但他是愉快的：那天他成交了 20 筆交易！他達到了他的目標，獲得了獎勵，並學到一條道理：不斷的努力能把失敗轉變為成功。

✎ 感悟

　　人的心態決定人的行為。以積極向上的心態去思考，形成良好的習慣，你就獲得了不斷努力的源泉，甚至轉敗為勝。而消極的心態則會使人不思進取，碌碌終生。

✎ 格言

自己覺得快樂就是快樂的根源。

—— 松平定信

以充滿希望的一面看待世界，不要在陰影籠罩下生活

　　美國銀行家傑・庫克（Jay Cooke）是一位傳奇式的人物，他的人生經歷被人們津津樂道。

　　經過半生的奮鬥，在 51 歲的時候，庫克的財富高達數百萬美元。這個數字在今天來說也許不值一提，但在 1940 年代卻相當可觀，庫克完全可以稱得上那個時代的大富翁。

　　然而，由於客觀形勢的影響和自己投資的失誤，只過了 1 年，到 52 歲的時候，庫克損失了所有的財富，而且背上了一大堆債務。

　　此時的庫克已經年過半百，但他雄心不減當年，決定要東山再起。不久，他又累積了鉅額的財富。當他還清最後 300 個

債務人的欠款後，這位金融家實現了他那偉大的承諾。

對於庫克的東山再起，許多人充滿了驚奇，也充滿了疑惑——一位經受巨大失敗，又年過半百的人，怎麼還有重振河山的可能？就一般人而言，恐怕只有潦倒殘生了。

有一次，一位客人問庫克：「庫克先生，您的第二筆財富是怎樣累積起來的？」

庫克回答說：「這很簡單，就是因為我從來沒有改變從父母身上繼承下來的天性。從早期謀生開始，我就認為要以充滿希望的一面來看待萬事萬物，從來不在陰影的籠罩下生活。我總是有理由讓自己相信，實際的情況比一般人設想和尖銳批評的情況要好得多。我相信，我們的社會到處都是財富，只要去努力工作，就一定會發現財富、獲得財富。這就是我生活成功的祕密。」

最後，庫克告誡大家：「記住：總是要看到事物陽光燦爛的一面。」

✎ 感悟

人生總會有處於逆境的時候。此時，有些人會將痛苦、挫折等等放大，從而被其壓垮；另一些人則不讓痛苦、挫折的陰影籠罩自己，而是透過烏雲的縫隙尋找陽光。以樂觀正向的心態看待事物，就會發現自己的身邊充滿機會，簡直可以左右逢源。

✎ 格言

一個人不幸的程度要由他自己對不幸的看法來決定。

—— 巴甫連柯（Pyotr　Pavlenko）

‖ 保持內心寧靜，是治療疾病最好的良藥

妻子安娜出差一個星期後回到家裡，發現丈夫吉姆正在默默地忍受著牙齦炎的折磨。他的左半邊臉腫起一個大包，一顆牙齒已經鬆動，搖搖欲墜。他想盡各種辦法試圖緩解發炎部位持續的疼痛，但都無濟於事。

安娜是一名心理療法醫師，她為丈夫吉姆提供了幫助 ——這是在去看牙醫之前的最後一次努力了。

她引導丈夫進入一種放鬆的心理狀態，丈夫由此拓展了自己的意識，跟一個明智、有知的「自我」建立了連繫。這個過程是要引導吉姆回到一個他曾經做出的、但現在久已忘懷的決定，那個決定導致了他今天的病痛，一個他現在有意識的大腦無法做出的決定。

很快，他就記起了年僅 3 歲時發生的一件事情。他的父母要把他送到祖母那裡去度過又一個週末，他們以前已經這樣做過很多次了。

吉姆發現，他時至今日仍然對於當初被父母拋棄感到憤

怒。當他回憶起這件事時，安娜幫助他化解了多年沒有化解的怨恨。因此，他最終原諒了他的父母，並恢復了內心的寧靜。

這一過程結束了，吉姆發現他從內心的旅程回到現實的時候，不僅牙痛消失了，臉上的腫塊也不見了；更為不可思議的是，那顆先前還岌岌可危的牙齒，竟然牢固地生長在他的牙床裡。

前後不到 10 分鐘，吉姆持續一週的疼痛、發炎和腫塊完全治癒了，不留一點痕跡。毫無疑問，這是人的大腦不可思議治癒能力的一個最不可否認的實例。

這個巨大變化是心理治療奇蹟的一個證明，它對於我們每個人來說都是可以企及的。

🖋 感悟

當我們為生活中的一些不愉快長時間困擾時，神經便會長時間處於緊張狀態，這種非正常的狀態常會使一些疾病趁虛而入。因此，要保持健康的身體，首先要忘記痛苦。保持內心的寧靜，無疑是所有療法中最有效的一劑良藥。

🖋 格言

人類幸福的兩大敵人是痛苦和無聊。

—— 叔本華

先相信你自己，然後別人才會相信你

一個小男孩在 10 歲時，父母告訴男孩他將永遠不能游泳，因為他有一次差點兒淹死，怕水怕得要命。他想起了爺爺的那句話：「不要讓任何人對你說你不能做某件事。你能做任何一件事，只要你想去做，並下定決心！」小男孩漸漸長大了，他不但證明了自己能游泳，而且還成了游泳世界冠軍。

然而，致命的一天從天而降。當他在醫院裡甦醒過來的時候，醫生告訴他永遠不能再踢足球，也永遠不能再代表國家參加游泳比賽了。他的奧運之夢破碎了。醫生告訴他如果再游泳，他就會忍受極度的疼痛和困難，而且明顯的跛行會伴隨他的餘生。他陷入越來越深的絕望。

在悲劇發生之前，他的生活一直都是體育，體育和更多的體育。先是參加英聯邦運動會，後來參加奧運。

悲劇發生後，他不能肯定自己今後就此告別了體育，只是因為人們的話語中沒有絲毫的希望之光。他慢慢地開始感到憤怒，直到有一天他在醫護人員面前終於遏制不住內心的沮喪和憤怒，「永遠不要對我說我不行！」他怒吼道。

從那一刻起，他全身心的精力都集中到證明他能行上。終於，他又能游泳了，他又能跑、又能踢球了，他又有夢想了。

1 年後，他實現了自己的夢想，又回到了競技游泳比賽中。儘管他再也不能代表他的國家參賽了，但他的確贏得了一些游

泳比賽的冠軍，並且為皇家空軍游泳隊效力多年。

他永遠沒有擺脫膝關節和肩部的疼痛，一隻手臂仍然有些麻木，但沒有人對他說他不能！

感悟

「有志者事竟成。」一個人最大的敵人往往是自己，當內心充滿恐懼與絕望時，「我不行、我怕……」之類的字眼就是自己膽怯的充分理由。但當人的內心除去了上述這些自以為充足的理由，「永遠不要對我說我不行」就成為推動自己前進的無窮力量。

格言

先相信你自己，然後別人才會相信你。

—— 屠格涅夫

人最大的敵人，往往是自己

波恩和嘉林是對孿生兄弟。在一次火災事故中，消防員從廢墟裡找出了兄弟倆，他們是火災中僅存下來的兩個人。

兄弟倆被送往當地的一家醫院，雖然兩人死裡逃生，但大火已把他倆燒得面目全非。

「多麼帥的兩個小夥子！」醫生為兄弟倆惋惜。

兄弟倆出院後，波恩由於忍受不了別人的譏諷，偷偷地服了 50 片安眠藥，離開了人世。

嘉林卻艱難地生存了下來，他想：「既然在大火中我得救了，那麼我的生命就尤為珍貴。」因此，無論遇到多大的冷嘲熱諷，他都咬緊牙關挺了過來。嘉林一次次地暗自提醒自己：「我生命的價值比誰都高貴。」

一天，嘉林還是像往常一樣送一車棉絮去加州。天空下著雨，路很滑，嘉林開車開得很慢。此時，嘉林發現不遠處的一座橋上站著一個人。嘉林緊急剎車，車滑進了路邊的一條小溝。嘉林還來不及靠近年輕人，年輕人已經跳下了河。年輕人被他救起後還連續跳了三次，直到嘉林自己差點被大水吞沒。

後來，嘉林發現自己救的竟是位億萬富翁。億萬富翁感激嘉林，和嘉林一起幹起了事業。嘉林從一個積蓄不足 10 萬元的司機，憑著自己的誠心經營，發展起了一個有 3.2 億元資產的運輸公司。幾年後醫術發達了，嘉林用賺來的錢修整好了自己的面容。

✎ 感悟

我們常說逆境出英雄。人在逆境中首先要戰勝的不是別人，而是自己；戰勝了自己也就戰勝了別人。因為，一個人最大的敵人往往是自己，而不是別人或外在環境等等。

> ✎ **格言**
>
> 無論碰到什麼樣的遭遇或煩惱，我絕不會怨天尤人。
>
> —— 田中角榮

如果為失去了太陽流淚，也將失去群星

　　幾年以前，巴特在澳洲的中、北部做了一次旅行。巴特的目的是要了解一些被澳洲人認為應該很熟悉的事情。然而，他最清晰的一次記憶是在澳洲炎熱的中部、愛麗斯泉以南的一座農舍的邂逅。

　　那天，巴特正在跟幾位朋友享受著騎馬的樂趣，不疾不徐地穿行在赭紅色的大地上，正巧加里·格萊茲布魯克（那座農舍的主人）騎著一輛摩托車隆隆地駛過來。他看見巴特他們便停下來，做了自我介紹。在確信他們安全無事、正在享受時光之後，他的摩托車飛也似地駛出了巴特的視線。

　　巴特很高興能遇上他，不過更高興的，是他那輛隆隆的摩托車沒有嚇著他們的坐騎，看來這些馬肯定是習慣了那種噪音了。

　　那天晚上，當巴特他們圍坐在一根圓木點燃的營火旁傾聽加里講述一些內陸生活的故事時，驚訝地發現，農舍主人竟然是位身障人士，他坐在輪椅裡出現在眾人面前。

　　原來，加里曾是一個剪毛工，在一次車禍中失去了他的雙

腿和一支手臂。但是，他依然借助於一輛能夠只用一隻手駕駛的改造摩托車，親自監督牧場上的活動。

巴特和所有人都驚奇地張大了嘴。因為誰都無法料到，一個騎著摩托車東奔西跑的人，竟是一位不健全的身障人士。

巴特覺得，加里對任何事情都抱持一種幽默的態度。當你遇到他時，在幾分鐘之內你就會忘記他身上的嚴重殘疾（如果你已經發現的話）。但是當你離去時，你永遠都不會忘記他。

✎ 感悟

　　人生就是選擇，面對困境，面對磨難，人們如何選擇心態？你消極悲觀，生活便會黯淡無光；你正向樂觀，生活就充滿快樂的陽光。保持良好的心態，克服種種困難，才能造就快樂的生活。

✎ 格言

　　如果你因失去了太陽而流淚，那麼你也將失去群星了。

—— 泰戈爾（Rabindranath Tagore）

不被厄運擊倒，把困境化為優勢

　　魯斯是一位年近 40 歲的男人。他擔任過一家首屈一指大公司的祕書，一所理工大學的講師，還曾是國家網球隊的一名運動員。

　　他熱愛他的妻子和兩個孩子，星期天他總是和家人一起去教堂做禮拜。無論在工作中還是在生活中，魯斯都受到了所有人的喜歡和尊重。

　　但是，不幸卻悄然而至：醫院診斷他已經到了癌症晚期。他被告知，他將不會看到新的 1 年。

　　他的病情越來越重，並且人越來越瘦。但他的精神卻沒有頹廢，依然是充滿快樂的樣子。

　　有一天，有人問他：「魯斯，你是如何能夠承擔這麼巨大的災難的？即使你知道自己將不久於人生。」

　　他的回答是：「我是個非常幸運的人。很多年前我就知道：如果你得到一顆檸檬，你就該把它做成檸檬汁。」

　　「我知道自己什麼時候死。因此，我有這麼多時間為我的妻子、孩子做出適當的財務安排，用我的剩餘時間幫他們設想在沒有我的情況下如何生活。但更重要的是，我有時間跟我的上帝對話，捐棄前嫌。但是有的人呢，可能喪生輪下，或者捲入一場事故，或者心臟病突發，根本沒有任何預先的通知，我比他們的情況好多了。」

✎ 感悟

　　人的一生，難免有不走運的時候，當厄運來臨時，唯有積極面對才能最大限度減輕痛苦。不論發生再大的災難，我們都不應被厄運擊倒。充滿熱忱地熱愛生活吧，珍惜自己目前擁有的一切，這樣我們才不至於被困難擊倒，而且能夠把困境化為優勢。

‖ 不論處境如何，都應該正向面對

像大多數年輕人一樣，亨利一想到母親將不久於人世就怕得要命。

母親曾經毫不含糊地告訴過亨利：她死沒有什麼可怕的，到時候，亨利會為整個死亡過程的平靜而感到驚奇。那時，母親和亨利都充滿著旺盛的生命力，亨利聽不進她的這番話。30多年過去了，亨利驗證了母親的話。

在亨利看來，母親屬於那種非同尋常的人。只是亨利有些不理解，當她自己的生活已經到了令人難以置信的困難程度的時候，她又是如何和藹而又強烈地影響了其他這麼多人的生活的。

身為一個瘦小的女人，她的食量像一隻鳥，然而卻有著一頭雄獅般的心胸和能量。她總是不停地走動，令人想起火焰跳動的閃光和劈劈啪啪的聲音。親眼看著母親走完她生命中的最後幾個星期，既讓亨利感動，又令亨利自慚形穢。她教會了亨利勇氣、堅韌、快樂和愛的真諦。

　　因為來日不多了，母親被醫護人員在醫院裡轉來轉去。那個星期三，亨利在一間新病房裡找到了她。

　　從那間病房的窗子向外，看到的景色已經不再是一個美麗的花園，而是一面面磚牆。亨利又氣又惱，他告訴母親，他要讓院方把她換回原來的病房，或者至少換到一個好一點的地方。

　　「噢，不，亨利，」她說道，「這些牆是吉朗監獄（Geelong Gaol）的圍牆。它們能讓我想到裡面那些可憐的年輕小夥子們，它們還能幫我為那些圍牆裡受罪的人們祈禱能有一個美好的明天。」

✎ 感悟

　　一時的艱苦並不可怕，可怕的是人們的消極心態。善良的人們，應為自己目前擁有的一切而心懷感激之情。不論處境如何，都應該以正向的心態去面對。

✎ 格言

當你臉向著太陽的時候，你就看不見影子。

—— 海倫凱勒

‖選擇什麼樣的心態，就會收穫什麼樣的身心

　　一個活潑的小男孩不幸染上重病，生命垂危，他的父母為此感到非常傷心。

有一天，一位銀鬚飄飄、慈眉善目的老人路過這裡，他發現這裡的每個人都顯得非常沮喪。

他問這些人為什麼都是一副無精打采、鬱鬱寡歡的樣子。小男孩的父母告訴他，他們年幼的兒子得了重病，這小傢伙很可能會死掉，他們為此傷心難過。這位虔誠的老人問他們孩子在哪兒，他們便指給了他看那間臥室。

老人走進臥室，將手放在小傢伙兒的頭上，說：

「我的孩子，上帝愛你，你難道不知道嗎？」說完，他走出了臥室，很快便離開了這家人。

老人走了之後，那個原本躺在床上、奄奄一息的小男孩奇蹟般地從床上跳了起來，在整幢房子裡跑來跑去，喊著：

「上帝愛我……上帝愛我！」他不再是一個病孩，而是重新變得健康、結實起來。醫生也為之驚奇。

無獨有偶。一位年輕的母親有個很可愛的兒子。這位母親有個習慣，她不斷地告訴孩子如果他犯了錯誤，老師就會懲罰他。結果這個小孩總是感冒。後來乾脆無法上學校了，因為他一見到老師就會感到頭痛。這位母親簡直要發瘋了，她不知道該怎麼辦好。

後來這位母親明白了，自己不能對一個孩子說那種話。她應該對孩子講老師愛他。她把這些話講給兒子聽，結果這孩子很快又變得活潑可愛了。這位母親感到很驚訝，甚至可說是大吃一驚。

🖎 感悟

　　沒有任何我們自身之外的東西會傷害我們。上帝不會傷害我們，上帝愛我們。其他人也不會傷害我們。那麼，什麼會傷害我們呢？只有我們自己錯誤的選擇。

🖎 格言

　　鬱結不發的悲哀正像悶塞了的火爐一樣，會把一顆心燒成灰燼。

　　　　　　　　　　── 莎士比亞（William Shakespeare）

‖ 保持良好的心態，在工作中尋找快樂

　　在西雅圖有一個市場，那裡有洋溢著快樂的「飛魚」表演。

　　只要你走進市場，很快就會看見在市場的盡頭聚集著一群人，老遠就可以聽到他們的喧譁聲。走近了，你會發現大家像是看街頭表演似的，一圈又一圈地圍著幾個穿著亮橘色塑膠吊帶褲的年輕小夥子觀看。

　　其中一個小夥子從身旁的魚攤上拿起一條鮭魚，轉身就朝櫃檯一丟，中氣十足地高聲喊：「鮭魚飛到威斯康辛！」

　　櫃檯裡的人敏捷地接住魚，也大喊：「鮭魚飛到威斯康辛！」

　　他剛大聲喊完，魚就包好了，顧客開心地接過「飛魚」，在圍觀群眾的歡呼聲中滿意地離去。

　　這個魚攤叫派克魚攤（Pike Place Fish Co.），老闆約翰‧橫山（John Yokoyama）是日裔美國人，因為以前的魚攤老闆不想經營，橫山頂下魚攤開始經營。橫山並不喜歡賣魚，他只是想多賺錢，魚攤經營得不錯，他於是在另一邊開了一家批發店。但是十個月後，批發生意就垮了，甚至拖得魚攤也瀕臨破產的邊緣。橫山就召集魚攤的員工開會討論未來怎樣經營魚攤。一個小夥子提議「做舉世聞名的魚販」。在實踐過程中，他們發現快樂對顧客和自己都很重要，顧客因為快樂而喜歡來魚攤買魚，自己快樂則使工作更有效率，於是他們創造了「飛魚表演」，在工作中尋找到了快樂！

　　快樂使派克魚攤一舉成名，不斷有企業向派克魚攤取經，橫山也與顧問貝奎斯特合組了一家未來企業顧問公司，帶著員工到企業授課。當然，派克魚攤的生意也大為好轉，業績突出。

✑ 感悟

　　不管處境有多麼糟糕，你也千萬不能因此而厭惡自己的工作。如果因為環境所迫不得不做些乏味的工作，你也要想辦法使工作變得充滿樂趣。以這樣一種正向的態度工作，你將取得意想不到的良好效果，也就會從工作中獲得樂趣。

✑ 格言

　　在你入席之後，若沒有山珍海味，也沒有美酒佳釀，盡情的談笑也能叫滿座生春。

—— 馬克吐溫（Mark Twain）

坦然接受變化，盡力保持快樂

瓊斯夫人 92 歲了，她的雙目已經失明，但她依然注重儀表。她每天早上都在 8 點前穿戴完畢，頭髮做成時髦的樣式，精心化妝一番。

瓊斯夫人的丈夫去世後，她生活不能自理，就住進了養老院。

在住進養老院的那天，瓊斯夫人在大廳等候了數小時，當有人告訴她，她的房間已準備就緒時，她微笑了。在前往房間的路上，護理師對她細緻地描述了她的房間，有一張舒適的床、梳妝檯、漂亮的窗簾。沒等護理師說完，瓊斯夫人就說：「我很喜歡我的房間。」她很興奮。

「瓊斯夫人，您還沒有看到房間……」

「這和看不看沒有什麼關係，」瓊斯夫人回答，「快樂是我事先決定好的。我喜歡不喜歡我的房間並不取決於家具是怎樣安排的，而在於我怎樣安排我的想法。我已經決定喜歡它……」

瓊斯夫人接著說：「這是我每天早上醒來後做的決定：我可以選擇接受變化，並且在種種變化中尋找最佳；我還可以選擇擔憂那些可能永遠不會發生的『假如』。我可以整天躺在床上，思索我身體哪些部分不靈了，給我帶來這樣或那樣的困難；我也可以從床上起來，對我身體還有許多部位能工作心懷感激。每一天都是一份禮物，只要我睜開眼睛，我就決定不去老想那些已經

『發生在我身上』的事情，而是專注於我已使之發生的事情。」

最後，瓊斯夫人道出了她自己的 5 條簡單易行的快樂法則，給大家分享：

1. 心中不存憎恨。
2. 腦中沒有擔憂。
3. 生活簡單。
4. 多點給予。
5. 少點期盼。

✐ 感悟

「快樂是事先決定好的」，這句話說得真好。如果人們在所有事情面前，都準備以快樂的心情去面對，那麼，無論事情如何糟糕，心情也總是快樂的。

✐ 格言

同樣是半杯水，一個樂觀的人很可能說它是「半滿」的，而一個悲觀的人卻可能說成是「半空」的。

—— 諾曼・洛布森茲

第六章

掌控情緒，做個成熟愉快的人

‖ 擁有了自制的美德，也就擁有了一定的財富

有一家中型超市，地段並不算很好，可是生意卻做得有聲有色。他們的特色之一，就是設定了讓顧客盡情傾訴抱怨的櫃檯。在這裡，經常可以看到這樣的情形。

在超市受理顧客提出「抱怨」的櫃檯前，許多女士排起了長龍，爭著向櫃檯後的那位年輕女郎講理，有的甚至講出了很難聽的話。

櫃檯後的這位年輕女郎一一接待這些憤怒和不滿的顧客，但是沒有表現出絲毫的嫌惡。她臉上帶著微笑，指點這些婦女們前往相應的部門。她的態度優雅而鎮靜，其自制的修養令人大感驚訝。

站在她背後的是另一位年輕女郎，她在幾張紙條上寫下一些字，然後把它們交給站在前面的那位女郎。這些紙條很簡要地記下了隊伍中婦女們抱怨的內容，但省略了這些婦女的「尖酸」話語及怒氣。

櫃檯後面那位年輕女郎臉上親切的微笑，對這些憤怒的婦女們產生了良好的影響。她們來到她面前時，個個像是咆哮怒吼的野狼，但當她們離開時，個個像是溫順柔和的綿羊。

事實上，她們中的某些人離開時，臉上甚至露出了「羞怯」的神情，因為這位年輕女郎的「自制」已使她們對自己的作為感到慚愧；當然，為了表示自己的歉意，她們很願意為超市做些

什麼，因此從超市出來的時候，她們總是手提肩扛著滿滿的大包小包。』

✎ 感悟

　　自制是一種美德，這種美德不僅有精神價值，也有功利價值。自制地做人，可以為自己贏得聲譽，贏得實績；自制地做事，可以為自己贏得夥伴，創造利益。拒絕或忽視運用自制力的人，實際上是在把好機會一個又一個地丟掉。

✎ 格言

　　自尊，自知，自制，只有這三者才能把生活引向最尊貴的王國。

—— 丁尼生（The Lord Tennyson）

‖ 控制自己的情緒，做情緒的主人

　　公司要裁員，內勤部的小晴與小文，規定一個月後離職。那天，大夥看她倆都小心翼翼，更不敢和她們多說一句話。她倆的眼圈都紅紅的 —— 這事擱在誰身上誰都難受。

　　第二天上班，小文的情緒仍很激動，有同事想勸她幾句，她都怒氣沖沖地，像吃了一肚子火藥似的，誰跟她說話就向誰開火。小文心裡憋屈得很，只好找杯子、數據夾、抽屜撒氣。

「砰砰」、「咚咚」，大夥兒的心被她提上來又摔下去，空氣都快凝固了。但人之將走，其行也哀，大夥也就忍著，不再說什麼。

小文的情緒一直都糟糕極了。原先她負責為辦公室員工訂便當、傳遞檔案、收發信件的工作，現在也懶得去理了；同事們看她一副愁容滿面的樣子，也就不再指派她工作。她的心也變得異常敏感，每當別的同事之間小聲說個什麼，她就懷疑他們在背後嘲笑她。她每天用異樣的目光在每個人臉上掃來颻去，彷彿有誰在背後搗她的鬼。許多同事開始怕她，都躲著她，大家都有點討厭她了。

裁員名單公布後，小晴哭了一個晚上，第二天上班也無精打采，可開啟電腦、拉開鍵盤，她就把工作以外的事都拋開了，和以往一樣地勤勞工作。小晴見大夥不好意思再吩咐她做什麼，便特地跟大家打招呼，主動攬下工作。她說，是福跑不了，是禍躲不過，反正都這樣了，不如做好最後一個月，以後想做恐怕都沒機會了。小晴仍然勤奮地打字影印，隨叫隨到，堅守在她的職位上。

一個月滿，小文如期離職，而小晴卻被從裁員名單中刪除，留了下來。主任當眾傳達了老闆的話：「小晴的職位誰也無法替代；小晴這樣的員工，公司永遠不會嫌多！」

✍ 感悟

人非聖賢，免不了七情六欲，有情緒是免不了的，關鍵是如何控制好它，不要讓它信馬游韁地破壞我們的形象、關係和工作。而且做情緒的主人也並不是要完全抑制情緒，而是要掌控它，讓它以合適的方式爆發、宣洩。

✍ 格言

不管是在最快樂、最愜意的時候，還是在最憂愁、最惱火的時候，理性是用以鎮住各種壞脾氣的唯一要素。

—— 笛福（Daniel Defoe）

學會自我減壓，方能擺脫壓力的困擾

在加拿大魁北克山麓，有一條南北走向的山谷。山谷有一個獨特的景觀：西坡長滿了松柏、杉樹等大大小小的樹，東坡卻像被精心挑選過一般 —— 只有雪松。這一奇異景觀曾經吸引不少人前去探究其中的奧祕，但卻一直無人能夠揭開謎底。

1983 年冬，一對婚姻瀕臨破裂而又不乏浪漫的加拿大夫婦，準備來一次長途旅行，以期重新找回昔日的愛情。兩人約定：如能找回就繼續生活，否則就分手。

當他們來到那個山谷的時候，下起了大雪。他們只好躲在帳篷裡，看著漫天的大雪飛舞。不經意間，他們發現，由於特

殊的風向，東坡的雪總比西坡的雪下得大而密。不一會兒，雪松上就落了厚厚的一層雪。然而，每當雪落到一定程度時，雪松那富有彈性的枝椏就會彎曲，使積雪滑落下來。就這樣，反覆地積雪，反覆地彎曲，反覆地滑落，無論雪下得多大，雪松始終完好無損。西坡的雪下得很小，樹木很少受到損害。

妻子若有所悟，對丈夫說：「東坡肯定也長過其他的樹，只不過由於不會彎曲而被大雪摧毀了。」

丈夫點頭之際，兩人似乎同時恍然大悟，旋即忘情地相擁熱吻起來。

丈夫興奮地說：「我們揭開了一個謎 —— 對於外界的壓力，要盡可能去適應；在適應不了的時候，要像雪松一樣彎曲一下，這樣就不會被壓垮。」

一對浪漫的夫婦，透過一次特殊的旅行，不僅揭開了一個自然之謎，而且找到了一個人生真諦。

✎ 感悟

我們總是抱怨那些使我們處於某種壓力下的人和事，而從來不去檢查一下壓力的承受者 —— 我們本人。確實，壓力不是由我們造成的，但大多數情況下，背起壓力的正是我們自己。所以，當壓力襲來之時，我們還應該自己想辦法，自我減壓，把自己從壓力中拯救出來。

> ✎ **格言**
>
> 　　要想適應給人帶來強大壓力的現代生活，要想以頑強積極的態度生活下去，最重要的莫過於學會自我緩解精神負擔的訣竅。
>
> 　　　　　　　　　　　　　　　—— 池見西次郎

‖ 盡力擺脫煩惱，切勿自尋煩惱

　　有一位女士，遇上一點不順心事情，就胡思亂想，給自己製造煩惱。舞場上男士沒有人邀她去跳舞，她心裡煩惱；年終沒選上績優人員她也心裡煩惱；碰上某個主管沒有向她打招呼，她也煩惱……煩惱一來，她就會好幾天精神不安。

　　當她察覺到煩惱給自己帶來高血壓、心臟病時，後悔不已。她想克制自己，但煩惱一來，又無法克制。

　　後來有人建議她每天寫 20 分鐘日記，把消極的情緒忠實地寫在日記裡。還告訴她，這個日記是寫給自己的，既要寫出正面，也要寫出負面。這樣就可以把消極情緒從心裡驅走，留在日記裡。

　　從此以後，這位女士堅持寫日記，透過寫日記來宣洩自己的煩惱，遇上自己愛猜忌的事，便在日記裡自己說服自己。

　　她曾在一篇日記裡寫道：「今天我在樓梯上向某局長打招

呼，可某局長陰著臉，皺著眉頭，理也沒理我一眼。我想他的態度冷漠不是衝著我來的，八成是家裡出了什麼事，要不然就是捱了上級的罵。」在日記裡這麼一寫，她心裡的疑團一下子煙消雲散了。

她還在另一篇日記裡提醒自己：「我翻閱上月的日記，發覺那時的煩惱現在完全消逝了，這說明時間可以解決許多問題，也包括煩惱在內。如果以後我遇上新的煩惱，就要不斷地提醒自己：現在何必為它煩心，我何不採取一個月後的忘卻狀態來面對眼下的煩惱。」

✎ 感悟

　　生活中有各種令人煩惱的事，困擾著我們，但我們不能一味地被煩惱所侵襲，應該學會盡力擺脫煩惱，尤其不能自尋煩惱，否則只會讓自己心緒不安、心情沮喪。雖然我們沒有特權去永遠做自己高興的事，但是我們有權從自己的所作所為中擺脫自尋煩惱的困境，得到更多的樂趣。

✎ 格言

忍耐是一切煩惱的良藥。

—— 狄奧克里塔（Theocritus）

克服嫉妒情緒，感受生活的愉快

幾年前，有座法院曾經判過這樣一個案子。

某明星大學心理學系的一位女研究生，將同宿舍的一個同學推上被告席。原告與被告以前關係不錯，堪稱該系的一對姊妹花；同時兩人的成績不相上下，兩人又在暗中較勁。到第 3 年的時候，兩人都參加了托福和 GRE 考試。原告成績較理想，遂向美國一所著名大學提出申請，不久被告知每年可獲得近 2 萬美元的獎學金。

原告高興萬分，等著校方的正式錄取通知。被告考砸了，看到原告整天興高采烈的模樣，心中更加不快。她越想越有氣，就生出了一條毒計。

原告左等右等，遲遲不見正式通知的光臨，就託在美國的同學去該校打聽，校方說曾經收到她發來的一份 E-mail 表示拒絕來該校，因此校方只好將名額轉給別人。原告聞此訊息，如五雷轟頂，冥思苦想這到底是怎麼回事。

後來，她多方調查，才發現是被告盜用了她的名義，透過心理系的電腦寄出一封拒絕函。原告懷著憤怒的心情，將此事訴諸法庭。

在這個故事中，我們會發現，嫉妒是一把雙刃劍，既傷害了自己，又傷害了別人。那麼，該如何熄滅妒火呢？請看美國的一位拳擊手所講的故事：

我深深記著剛開始在埃德‧帕克（Ed Parker）的武館裡訓練

時的情景。有一次，我正在練習拳擊，對手的技術要好些，為了彌補我技術和經驗的不足，我試圖使詐，想輕易得分。但我還是被遠遠地超過了，對抗結束後，我很沮喪。武館教練帕克把我請到了他的辦公室。

「你為什麼不高興？」

「因為我得不了分。」

帕克從桌子後面站起來，拿了一支粉筆，在地上畫了一條長五英尺的線。

「你看怎麼才能把這條線弄短？」他問道。

我端詳了一陣後，給了他幾個答案，說把線截成好幾段。

他搖搖頭。又畫一條線，長過第一條，「現在你再看原來那條線怎麼樣了？」

「短了。」我說。

帕克點點頭說：「提高、增長你自己的線，總比切斷對手的線要強。」

✎ 感悟

　　工作和社交中的嫉妒情緒往往發生在雙方及多方，因此要注意自己的性格修養，尊重與樂於幫助他人，尤其是自己的對手。這樣不但可以克服自己的嫉妒心理，而且可使自己免受或少受嫉妒的傷害，同時還可以取得事業上的成功，又可感受到生活的愉悅。

✎ **格言**

> 對心胸卑鄙的人來說，他是嫉妒的奴隸；對有學問、有氣質的人而言，嫉妒卻化為競爭心。
>
> —— 波普（Alexander Pope）

在災難面前，只有坦然面對的人才不會倒下

有一位享譽世界的女戲劇家，在一次橫渡大西洋的途中，她所乘坐的客輪突遇風暴，她不幸在甲板上跌倒，足部受了重傷。客輪抵港，這位戲劇家被推進了手術室 —— 她的一條腿必須鋸掉，這意味著戲劇家從此再也不能登上她心愛的舞臺演出了。

就在手術即將進行的時刻，戲劇家突然唸起了自己所演過的一段臺詞。人們以為她是為了緩和一下自己的緊張和沮喪情緒，可她說：「不是的！是為了給醫生和護理師們打氣。你瞧，他們不是太正經八百了嗎？」

手術圓滿成功，戲劇家從此從舞臺上隱去了她的身影。可是，她並沒有消失。她從舞臺轉到了講臺 —— 她成了出色的演說家。她的演說，讓她的戲迷再次為她鼓掌喝采。

這位戲劇家名叫拉莎・貝納爾。

無獨有偶，大發明家湯瑪斯・愛迪生也是坦然接受災難的典範。

　　1914 年，愛迪生的實驗室發生了一場大火，損失超過 200 萬美金，愛迪生一生的許多成果在大火中化為灰燼。

　　在大火最凶的時候，愛迪生的兒子查理斯（Charles Edison）在濃煙和廢墟中發瘋似的尋找他的父親。這時，愛迪生平靜地看著火勢，他的臉在火光搖曳中閃亮，他的白髮在寒風中飄動著。

　　「查理斯，你快去把你母親找來，她這輩子恐怕再也見不著這樣的場面了。」

　　第二天早上，愛迪生看著一片廢墟說道：「災難自有它的價值，瞧，這不，我們以前所有的錯誤、過失都給大火燒了個一乾二淨，感謝上帝，這下我們又可以從頭再來了。」

　　火災過去不久，愛迪生發明的第一部留聲機就問世了。

✎ 感悟

　　任何人遇上災難，情緒都會受到影響，這時一定要坦然面對。面對無法改變的不幸或無能為力的事情，應該抬起頭來，對天大喊：「這沒有什麼了不起，它不可能打敗我。」或者聳聳肩，默默地告訴自己：「忘掉它吧，這一切都會過去！」

✎ 格言

　　那命中注定的不幸，我已經把它迎接在心坎上，因為在我的心裡住著戰勝一切不幸的天神。

—— 泰戈爾

踏踏實實、從基礎做起的人，最終會建築起自己成功的大廈

1970 年代，麥當勞看好臺灣市場，決定在當地培訓一批高階管理人員。他們最先選中了一個年輕的企業家，此人條件不錯。但是，在接下來的考察中，卻始終都沒有定下來。

麥當勞高層覺得，此人雖然諸方面條件都尚可，但在某些方面似乎有不易察覺的毛病，因此決定進一步試探。於是，有一次，總裁突然問：「如果要你先去打掃廁所，你會怎麼想？」那個企業家立即沉默不語，臉上還現出了尷尬的神情。

麥當勞的這位亞太總裁從他的表情中已經讀出：要我一個小有名氣的企業家打掃廁所，未免大材小用了吧？就這樣，總裁最終還是放棄了這位自恃高才的企業家。

年輕的企業家希望事業能從好一點的位置起跑，本無可厚非，但現實中還需要腳踏實地做好基礎工作。下文中的農家子弟便是很好的例子：

大虎是富豪子弟，與他同在名校管理系的小寧是農民的兒子。他們一起進入名校的熱門系所，兩人的起點似乎相同。不同的是，小寧在校期間家教、打工都做過，學校的團隊工作他也積極參與，還是環保志工；而大虎則有的是經濟來源，有的是「僕人」，所以養尊處優，學習上也不肯太下功夫。

畢業了，大虎進入父親的公司，不久就成為行政副總；小

寧則到了一家小軟體公司，做辦公室工作。

10 年過去了，大虎還是父親那家公司的行政副總，而小寧也已升任行政副總，只不過他所在的公司隨著 IT 產業的迅速發展改組為集團。畢業 10 週年聚會，大家詫異起點那麼懸殊的兩個人如今何以此消彼長。

有人說：「這就好比爬高竿，要看高低，也要看速度。速度夠了，距離也就短了。」

✎ 感悟

中國有句古語：「不積跬步，無以至千里；不積細流，無以成江海。」要想有所成就，我們必須克服浮躁的情緒，踏踏實實，從小事做起，從基礎做起，扎扎實實地把成功的基礎夯實，我們的成功大廈才會堅久牢固。

✎ 格言

再細微的事，再平凡的工作，積少成多，再加上自己的智慧與體驗，一個人的能力就是這樣累積起來的。

—— 松下幸之助

‖ 隨手關上身後的門，讓一切重新開始

被英國大眾譽為優秀首相的勞合‧喬治（Lloyd George）有一個習慣 —— 隨手關上身後的門。

一天，有一個朋友來拜訪他，兩個人在院子裡一邊散步，一邊交談。他們每經過一扇門，喬治總是隨手把門關上。

朋友很是納悶，不解地問喬治：「為什麼你要把這些門都關上呢？」

喬治微笑著回答：「哦，我這一生都在關我身後的門。這是必須做的事。當你關門時，也就是把過去的一切留在了後面，不管是美好的成就，還是讓人懊惱的失誤。當你關上它們的時候，你才可能重新開始。」

在狄更斯（Charles Dickens）的小說《龐大的遺產》中，女主角非常富有，但就在她結婚的當天，卻被新郎拋棄了。從那以後幾十年過去了，女主角卻絲毫沒有改變她新婚房間的布置，也始終沒有脫下那件當年的結婚禮服，在一天一天的等待中，慢慢衰老下去，生命也隨之枯萎……

誰能說這個女主角會是幸福快樂的呢？之所以會有這樣的悲劇的結局，就在於女主角始終不能放下那塊心病。如果她可以勇敢地關上身後的那扇門，重新振作起來，尋找另一個愛人，她又怎麼能找不回自己的幸福呢？

感悟

把失誤和煩惱關在身後，有利於做一個快樂的人。快樂則有益於健康，能激發創意，使我們把事情做好。沉湎於懊悔和煩惱的情緒之中，是快樂不起來的。所以，我們要學會將過去的失誤、錯誤通通忘記，讓一切重新開始。

✎ 格言

　　不要讓自己因為一些應該丟開和忘記的小事煩心，要記住：「生命太短促了，不要再為小事煩惱。」

—— 卡內基

▌追求完美，本身就是不完美

　　造物主就是這樣嫉妒萬物的，然而它又是公平的。一個人一方面有突出的優點，也必然有另一方面讓人覺得不完美的缺點。既然人人都有缺點，我們就不應該太過於追求完美，不要對別人求全責備。

　　很久以前，在印度有一位先生娶了一個體態婀娜、面貌嬌美的太太，兩人情如金石，恩恩愛愛，是人人稱羨的神仙美眷。這個太太眉清目秀，性情溫和，美中不足的是長了個酒糟鼻子。

　　這位丈夫因此始終感到不是那麼滿意。一日出外去經商，路經一個販賣奴隸的市場，只見廣場中央站了一個身材單薄、瘦小清癯的女孩子，正以一雙水汪汪的淚眼，怯生生地環顧著一群如狼似虎、決定她一生命運的大男人。

　　這位丈夫仔細端詳女孩子的容貌，突然間被深深地吸引住了。「極好了！這女子臉上長著一個端端正正的鼻子，我要不計一切，買下她！」

這位丈夫以高價買下了長著端正鼻子的女孩子，興高采烈地帶著女孩子日夜兼程趕回家，想給心愛的妻子一個驚喜。到了家中，他把女孩子安頓好之後，用刀子殘忍地割下女孩子漂亮的鼻子，拿著血淋淋而溫熱的鼻子，大聲疾呼：

「太太！快出來喲！看我給你買回來什麼最寶貴的禮物！」

「什麼樣貴重的禮物，讓你如此大呼小叫的？」太太狐疑不解地應聲走出來。

「喏！你看！我為你買了個端正美麗的鼻子，你戴上看看。」

丈夫說完，突然趁其不備，抽出懷中鋒銳的利刃，一刀朝太太的酒糟鼻子砍去。霎時太太的鼻梁血流如注，酒糟鼻子掉落在地上。丈夫趕忙用雙手把端正的鼻子嵌貼在傷口處，但是無論如何努力，那個漂亮的鼻子始終無法黏在妻子的臉中央。

🖋 感悟

「人有悲歡離合，月有陰晴圓缺，此事古難全」，事物的不完美是客觀存在的，如果刻意去追求完美，那本身就是一種不完美。其結果，多半是徒勞的。

🖋 格言

世界上即使有十全十美的人，那也要等上一千年才會出現一個。

—— 邱吉爾

‖ 面對生活的不完美，遷就一些、忍耐一些

　　瑟蒂是個有創意的企劃人，是個才華橫溢的作者和編輯，她總是能夠找到新方法解決問題，而且具有良好的職業精神和道德風範。此外，她聰明、漂亮，能言善辯。但是，瑟蒂又總是守不住自己的工作，在華盛頓工作的 10 年間，她不停地辭職，從未在一個地方做滿 1 年。

　　辭職的理由只有一個，並且一直都是這一個，那就是：她所在的機構總是迫使她做「不道德」的事，或者這個機構本身捲入了「不道德」的行為。她不想成為其中的一部分，不願意接受這種帶「陰影」的行為。

　　後來，瑟蒂在一家研究機構擔任交流與出版主任，這種專家學者雲集的機構在華盛頓通常被稱為「思想坦克」（Think tank，或稱智庫）。商會、工會、基金會、富人和其他人都會直接給機構提供資金，以影響政策。這個機構當時正陷入財政危機，一些基金組織懷疑它對華盛頓是否還有影響力，失去了信心，沒有興趣再投錢進去了。

　　瑟蒂想出一些絕妙的主意，可以使機構起死回生，並能引起廣泛注意。機構總裁很讚賞她的計劃，但注意到有一個著名的卻總是譁眾取寵的人物沒有列在名單內。於是，總裁建議瑟蒂將這個人加入名單之中，但瑟蒂認為名單是經過深思熟慮的，便拒絕將那人納入名單。

　　總裁認為瑟蒂太感情用事，過於情緒化，因為如果此人的名字出現在名單上，會促進其他人參加；而且此人是總裁多年的朋友，不邀請他，總裁的面子上也過不去。因此，總裁對瑟蒂說：「我們真的不得不邀請他。」

　　然而，瑟蒂還是拒絕了，她稱總裁「巴結名人」。「我並沒有讓你邀請他，」總裁說，「我只是堅持把他的名字列在邀請人名單上。」但瑟蒂堅持己見，不肯退讓。

　　在這間機構裡，瑟蒂這樣拒絕政治捲入她的計劃，已經在機構中引起過幾次小衝突了，這一次，總裁不再遷就她了。

　　瑟蒂被迫辭職了，再一次為她非黑即白的觀點付出了沉重的代價。

✍ 感悟

　　我們可以坦然地接受這個世界不完美的一面，就像我們可以微笑著接受這個世界的美好一樣。嘗試著去接受它、去理解它，即使你仍無法認同它，但也不要情緒化地固執己見，別讓它妨礙了你的個人發展。

✍ 格言

　　在這個世界上，盡如人意的事是並不多的。我們既活著做人，就只能遷就我們所處的實際環境，凡事忍耐些。

　　　　　　　　　　　　　　　　　　　　—— 泰戈爾

努力做好每一天的工作，不受情緒的左右

　　小李本來在一家公司裡擔任行銷部經理。有一天，他接到人事部門的調令，讓他去任供應部的經理。公司裡誰都知道供應部的地位比行銷部低得多，小李覺得自己在這家公司不會長久了。對著那些報表、器材，小李不由得長吁短嘆，有時甚至想到了辭職。

　　一天，在百無聊賴之際，小李問自己：「為什麼從前幹勁十足，現在卻垂頭喪氣呢？我是不是只有行銷方面的能力，沒有物資調動的能力？」這時，他的父親進來對他說：「孩子，我不能幫你什麼，但我知道努力做好每一天的工作，對你總是有用的。」聽了父親的話，小李的心裡受到了極大的震撼，父親的話猶如一盞明燈照亮了他的心靈。

　　小李開始把精力投入到新的工作中。漸漸地他發現，供應部是整個公司的瓶頸，在公司裡有著舉足輕重的作用，而且這裡也有自己的用武之地。小李找到了工作的價值，改變了過去懶散的作風，在每一種器材、每一張報表中，他都想辦法挖掘對公司發展有利的因素。漸漸地，他正向的態度也影響了同事。

　　由於工作成績頗佳，小李兩次獲得總公司頒發的特別獎金，並且在不久之後，被任命為公司的副總經理。

　　小李境況的改變實在是出於他及時調整了自己的情緒，最終他的努力得到應有的回報。而下文中的老木匠卻為自己的敷

衍付出了代價：

有位老木匠準備退休，他告訴老闆，說要離開建築產業，回家與妻子兒女享受天倫之樂。

老闆捨不得他的好工人走，問他是否能幫忙再建一座房子，老木匠說可以。但是大家後來都看得出來，他的心已不在工作上，他用的是軟料，出的是粗活。房子建好的時候，老闆把大門的鑰匙遞給他。

「這是你的房子，」老闆說，「我送給你的禮物。」

木匠震驚得目瞪口呆，羞愧得無地自容。

✎ 感悟

努力做好每一天的工作，意味著我們絕對要有一顆認真負責的心，來面對眼前每一天的工作。不能受情緒左右，對工作敷衍了事，要善始善終。要做就去努力做到最好，應是我們在每一天工作中的態度，只要如此堅持地去做，我們一定會取得巨大的成功。

✎ 格言

誰肯認真地工作，誰就能做出許多成績，就能超群出眾。

—— 恩格斯（Friedrich Engels）

要想讓你的人生精彩，就點燃熱情的火把吧

1907 年，法蘭克‧派特剛轉入職業棒球界不久，就遭到有生以來最大的打擊，他被開除了，原因是缺乏熱情、動作無力。

球隊的經理對他說：「你這樣慢吞吞的，好像在球場上混了 20 年了。法蘭克，離開這裡之後，無論你到哪裡做任何事，如果不提起精神來，你將永遠不會有出路。」

法蘭克原來的月薪是 175 美元，參加新球隊以後，月薪減為 25 美元。薪水這麼少，法蘭克做事當然沒有熱情，但他決心努力試一試。待了大約十天之後，一位老隊員又把法蘭克介紹到了一個名叫新凡的球隊去。

在新凡的第一天，法蘭克的一生有了一個重要的轉變：法蘭克決心變成新英格蘭最具熱忱的球員。法蘭克一上場，就好像全身帶電。他強力地投出高速球，使接球的人雙手都麻木了。有一次，法蘭克以強烈的氣勢衝入三壘。那位三壘手嚇呆了，球漏接，於是法蘭克盜壘成功。

當時氣溫高達 39 度，法蘭克在球場奔來跑去，極可能中暑而倒下去，但在過人的熱忱支持下，他挺住了。

第天早上，法蘭克讀報的時候，興奮得無以復加。報上說：那位新加入進來的球員，無異是一個霹靂球，全隊的人受到他的影響，都充滿了活力。他們不但贏了，而且是本季最精彩的一場比賽。

　　由於熱忱的態度，法蘭克的月薪由 25 美元提高為 185 美元，是原來的 7 倍多。

　　在以後的 2 年裡，法蘭克一直擔任三壘手，薪水加了 30 倍之多。為什麼呢？法蘭克自己說：「這是因為一股熱情，沒有別的原因。」

> ✎ **感悟**
>
> 　　如果你想讓你的工作和生活充滿活力與熱忱，那麼你就點燃熱情的火把吧，它會使你成為一個熱情洋溢、生機勃勃的人，讓你不斷開創新的局面，否則，你將終身陷入平庸之中。

> ✎ **格言**
>
> 　　熱情，像熊熊的火焰，是一切的原動力！有了偉大的熱情，才有偉大的行動。
>
> 　　　　　　　　　　　　── 巴爾札克（Honoré de Balzac）

對工作充滿了興趣，你的前程便會金光燦爛

　　瓊迪在大學裡是出了名的活躍分子，無論是文娛還是體育，似乎樣樣都少不了她這個漂亮的女生。瓊迪的成績非常優秀，在系裡也是能力很強的學生幹部。生活似乎特別厚待瓊迪，連陽光也對她特別和煦。瓊迪也相信自己在步入社會後一

樣會延續她在校園裡的風光和得意。

　　然而，社會畢竟不是校園，瓊迪也不可能永遠都會一帆風順。在步入社會後，瓊迪進的那家公司無論是在薪水待遇，還是在福利、假期上，都不比別的公司優秀多少。看著往昔不如自己的同學一個個比自己賺的薪水要多許多，瓊迪的優越感一掃無遺，心態也開始失衡起來。她變得對工作提不起興趣，多做一點點工作就會覺得很吃虧，為自己的薪水覺得不值。此外，瓊迪還整天總是一副憤憤不平的樣子，彷彿每個人都惹了她似的。

　　就這樣，瓊迪不僅工作沒做好，同事關係也沒有處好，她的前途變得一片黯淡。瓊迪在初入社會就變得迷茫而無所適從了。

　　如果瓊迪永遠對工作不感興趣，工作就會成為她的負擔，她這輩子也沒什麼快樂可言了。而對工作充滿興趣的人，又會怎樣呢？

　　菲爾‧強森（Philip G. Johnson）的父親開了一家洗衣店，他把兒子叫到店裡工作，希望他將來能接管這家洗衣店。但菲爾痛恨洗衣店的工作，所以懶懶散散，提不起精神，只做些不得不做的工作，其他工作則一概不管。有時候，他乾脆「曠職」。他父親十分傷心，認為養了一個沒有野心、不求上進的兒子，使他在員工面前深覺丟臉。

　　有一天，強森告訴父親，他希望做個機械工人 —— 到一家機械廠工作。父親十分驚訝。不過，強森還是堅持自己的意

見。他穿上油膩的粗布工作服工作，從事比洗衣店更為辛苦的工作，工作的時間更長，但他竟然快樂地在工作中吹起口哨來。他選修工程學課程，研究引擎，裝置機械。

當強森 1944 年去世時，已是波音飛機公司的總裁，並且製造出「空中飛行堡壘」轟炸機，幫助盟軍贏得了世界大戰。

✎ 感悟

也許可能有人要鄙薄興趣，認為它不夠理性，依興趣作抉擇不是成就大事業者所為。事實是，世界上成就大事業者，他所從事的領域無不是自己最感興趣的領域。福特成為汽車大王，淵源就在於他小時候就對機械痴迷；愛迪生成為發明之王，淵源就在於他鍾情於發明。

✎ 格言

如果工作是一種樂趣，人生就是天堂！如果工作是一種義務，人生就是地獄！

—— 歌德（Johann Wolfgang von Goethe）

‖ 偉大始於平凡，沒有人可以一步登天

珊妮是天生的運動健將，憑著聰明和美麗被選為大學女子排球隊的隊長。無論做什麼，珊妮都能很容易就做得十分出色。

　　大學畢業後，憑著家族的名聲和不錯的成績，珊妮在田納西某城市的雜誌社找到了一份工作。她想像著自己是個編輯——一個富有魅力又受人尊重的職位。但是，一開始，她只是個助理編輯。

　　作為助理編輯，珊妮的工作是核查擬用文稿中的事實和引證。這是緊張又不討好的工作，作家和資深編輯在將文章發表之前很少去核查事實或挑錯。但是一旦出錯，助理編輯是唯一被譴責的人，而且必須寫解釋信說明自己的疏忽。因此，這是那種只有出錯時才會被注意到的工作。

　　但是，核查事實的工作如果做得好，1年以後就可以作為記者出去採訪那些作家想寫進故事中而自己沒有時間採訪的對象。一個成功的記者就有機會發表自己的作品。然而，珊妮只做了八個月就辭職了。

　　珊妮又找到了新工作，是亞特蘭大的一家出版公司。但結果和上一份工作差不多。「他們對待我就像奴隸，他們需要的只是一個打雜的，所以我辭了。」珊妮對她的家人和朋友這樣解釋。

　　接下來在達拉斯的電視臺也是如此，然後她到了西雅圖，做專案助理。這個專案是把援助藥品送到泰國。但是，誠如大家所料，珊妮做了1年，又辭職了。

> ### 🖋 感悟
>
> 　　社會需要的是能夠在平凡中成長的人，所以，能夠認真對待每一件事、能夠把平凡工作做得很好的人，才是能夠發揮實力的人。不要看輕任何一項工作，沒有人可以一步登天的。當你認真對待、了解每一件事，就會發現自己的人生之路越來越廣，成功的機遇也會接踵而來。

> ### 🖋 格言
>
> 　　一切偉大的事業，或者說一切大事，都是由小事組成的。
>
> 　　　　　　　　　　　　　　　—— 高爾基

工作中將檢點他人的功夫用以自律，必將取得成就

　　艾倫大學剛畢業，進入了一家較有發展潛力的中型公司。儘管艾倫只是一個普通的職員，但她卻對明天充滿了希望，渴望著能夠透過自己的努力，在公司裡獲得較大的發展機會。因此，艾倫每天很早就來上班，同時又會比別的同事晚下班。她每天工作正向認真，做得又快又好。

　　艾倫的工作能力與積極主動的工作態度引起了經理的注意。他很欣賞艾倫的努力，並有意重用、提拔她。只是艾倫剛剛大學畢業，經驗還不夠豐富，因此想讓她再多接受一點鍛

鍊。經理安排艾倫的主管給艾倫增加了工作量，並有意識地讓艾倫去著手解決一些難纏的問題。這本來是艾倫展現自己的一個好機會，然而艾倫卻錯失了。

原來，艾倫早就對同一辦公室的瓊琳滿腹抱怨。艾倫和瓊琳從事同樣的工作，領著相同的薪水。艾倫每天勤勤懇懇，瓊琳對待工作則能躲則躲，躲不掉就敷衍了事。瓊琳看艾倫很努力，更是有意識地把屬於自己工作範圍的事交給艾倫做。時間久了，艾倫不免覺得非常不公平，認為自己比別人做得多得多，卻也沒比別人多拿一分錢的薪水，主管也不提拔自己。而主管為了鍛鍊艾倫又給她提升工作難度，也使艾倫誤認為主管是為了向經理邀功，而她又好說話，因此才欺負她，讓她多做事。

艾倫越想越氣惱，越想越不平，工作也變得越來越消極。經理看到艾倫不再像以前那樣積極，而是變得像瓊琳一樣，也打消了重用她的念頭。就這樣，艾倫因為瓊琳的不努力工作，失去了自己發展的機會。

✎ 感悟

積極主動而不斤斤計較，嚴於律己而寬以待人的工作態度，是每一個主管所看重的。只有努力工作，才能樹立良好的職場形象。對於那些不努力工作的人，始終不要與他們看齊，如果你像他們一樣放棄了努力，也會像他們一樣放棄了成功的機會。

> ✎ **格言**
>
> 將檢點他人的功夫，常自檢點，道業無有不辦。
>
> —— 弘一法師

即使不起眼的事物，也不要輕視

有一年聖誕節，愛迪收到一件禮物 —— 一塊手鏡大小的藍色塑膠片，裡面嵌著不規則的綠藍褐色雲母片，和有些類似魚兒輪廓的東西。這塑膠片看起來沒有任何用途，也不美麗，愛迪道了謝就把它束之高閣，不久便把它遺忘了。

有一天，因為需要騰出空間，愛迪拿下了那個盒子，又看了一眼他的禮物。這回愛迪注意到在盒子的一端上有個鉤子，盒底面印著一項說明：掛在向陽的窗口。

愛迪走進廚房，將這件禮物掛在幾乎終日有陽光傾瀉進來的一扇窗口上。霎時五光十色湧進了愛迪的廚房，透過海藍色橢圓弧形輝映著，隨著陽光的移動，這小小的海底世界由碧綠色轉為深藍色，再轉為曙光的紫羅蘭色，帶著潮汐起伏的無窮魔力與韻味，它通往一個微光閃爍的海底世界。

看著眼前的這個變幻多彩的「海底世界」，愛迪驚呆了。

繼而，他想起應該好好感謝送這件禮物的朋友。但遺憾的是，想了半天，愛迪也沒有記起那個人究竟是誰。

在聖誕節那天愛迪沒有發現那種美，因為愛迪沒有想到一件看起來相當平凡的東西，只要恰當地運用它，就會美麗非凡。

愛迪的禮物一直掛在窗口，它每天提醒愛迪多花點時間去發掘人與物隱藏的內在美。

✎ 感悟

平常生活中，許多事物都非常不起眼。有些人也對它們視而不見，忽略它們的存在，甚至懷著輕視的情緒，將它們冷落一旁。但這些不起眼的事物，在特定條件下，也會綻放絢麗的光彩。因此，我們一定要克服輕視情緒。

✎ 格言

輕視別人的人，也會遭到別人的輕視。

—— 佚名

清者自清，不要在意外界的誤解

鄭昊是一位善於繪畫的高手，可是他每次作畫前，必堅持購買者先行付款，否則絕不動筆的原則，這種作風，常常遭到世人的批評。

有一天，一位男子請鄭昊幫自己作一幅畫，鄭昊問：「你能付多少酬勞？」

「你要多少就付多少！」那男子回答道，「但我要你到市場上去當眾作畫。」

鄭昊答應了。

在熙熙攘攘的市場上，鄭昊以上好的紙筆為那男子作畫，畫成之後，拿了酬勞就要離開。

這時，那位男子對過往行人說道：「這位畫家只知要錢，他的畫雖畫得很好，但心地骯髒；金錢汙染了它的善美。出於這種汙穢心靈的作品是不宜掛在家中的，它只能裝飾大街。」

說著便將畫扔在路上，鄭昊什麼也沒說，在一片斥責聲中走開了。

很多人懷疑，為什麼鄭昊只要給錢就畫？受到任何侮辱都無所謂的鄭昊，心裡是怎麼想的？

原來，鄭昊的家鄉連年災荒，顆粒無收，富人不肯出錢救助窮人，國家的賑濟糧款被苛扣。鄭昊不忍心看到鄉人受苦，他傾其所有，建了一座倉庫，貯存稻穀，以供賑濟之需。而他做這些善事所依靠的資金，就是靠手中的畫筆賺取的。

當鄭昊完成其願望後，立即拋棄畫筆，退隱田園，從此不復再畫。

> ## ✎ 感悟
>
> 清者自清，濁者自濁，堅持自己的理想，並為之奮鬥不息。不要太在意外界一時的誤解之詞，因為時間會說明一切。只要自己的理想是有意義的，就應堅持下去。

> ## ✎ 格言
>
> 走自己的路，讓人家去說吧！
>
> —— 但丁（Dante Alighieri）

今天的失利，可能是明天的受益

46 歲的杜成立，在大興建大壩造成的百萬移民中，屬於淹地不淹房的一類。1996 年以前，他家裡種的六畝地都在蓄水線以下。為了響應大壩建設號召，他舉家搬遷，先是把地從山下換到了海拔 195 公尺的山上，後又把老房搬遷重建，去年才搬進新居。

由於老房子在蓄水線以下，蓋新房沒有享受到政府補貼，只是補償了一畝分地，與同村其他後靠的移民相比，杜成立吃虧不少。

對因搬遷造成的損失，杜成立表現得十分豁達和坦然。

他說，大壩工程是造福子孫後代的大事，是幫助我們脫貧致富的好事，雖然我們家沒有直接受多少益，但仍全力支持，

個人損失一點算不了什麼。

杜成立說，其實，從間接影響來看，大壩工程為他家還是帶來了不少好處。

首先，家裡收入來源多了，不再只種地賺錢。大壩工程開工後，山裡的石頭值錢了，前幾年他靠運輸石材給大壩工程建築企業，賺了幾萬元錢蓋了新房。現在他偶爾還出去打點零工，跑跑運輸，找點副業，增加家庭收入。

同時，山門開啟了，為年輕人提供了出去闖蕩的機會。兒子畢業後不願種地，聽說城裡好賺錢，就到城裡工作去了。

另外，大壩工程建設還為杜成立提供了像城裡一樣的就業機會。當地的水文部門決定聘他在他家附近一個大壩工程水文監測點做兼職測量員，一個月有 300 元的薪水。杜成立做夢也沒想到，他現在居然也能像城裡人一樣領薪水。

🖎 感悟

有失才有得。人們的眼光不要只局限於眼前的利益，而應放得長遠一些。客觀環境是不斷變化的。今天的失利，可能是明天的受益。

🖎 格言

塞翁失馬，焉知非福。

—— 《淮南子》

不要怕麻煩，麻煩就是人生

簡已經 50 多歲了，曾不止一次地向人們講述過他 40 歲前經歷過的三次令他刻骨銘心的談話。

簡 20 歲那年，任職的公司倒閉了，簡失業了。公司經理卻對簡說：「你很幸運。」

「幸運！」簡咆哮道，「我浪費了 2 年的光陰，還有 1,600 元的欠薪沒有拿到。」

「是的，你很幸運。」經理平靜地繼續說：

「凡在早年受挫的人都是很幸運的，因為他可以鼓起勇氣，不憂不懼地從頭學起。如果運氣一直很好的人，到了 4、50 歲，忽然災禍臨頭，又無其他技能，想從頭學起嗎？年紀已經太大了，那才是真正的不幸。」

簡 35 歲時，一位在商場上翻滾過半輩子的長者對他說：「你不要因為事情麻煩而抱怨，你的收入比較多，就是因為工作麻煩。一般人不需要負什麼責任，沒有什麼負擔，自然就沒有什麼麻煩，報酬當然也少。只有困難的工作，麻煩的事情，才有豐厚的報酬。」

簡 40 歲時，一位哲學家告訴他：「再過 5 年你就會有重大的發現。這就是，你終於懂得：麻煩不是偶然出現的，而是經常存在的，麻煩就是人生。」

✑ 感悟

「麻煩不是偶然出現的，而是經常存在的，因為麻煩就是人生」。可謂一語道破天機，生活就是由大大小小麻煩的事情構成的，它需要人們耐心、細緻地對待。在這個過程中，人們才會日漸成熟。

✑ 格言

瑣事總是有的，我們的祖先就是因為立足於做好這些瑣事，才創下這份偉業的。

—— 李維（Livy）

第七章
隨圓就方，構築和諧的人際關係

有意和自己較勁的人，等於浪費時間和生命

　　拿破崙·希爾（Napoleon Hill）是世界知名的勵志大師，他的演講、著作感人至深，發人深省，其中的一些事例就源於他自己的親身經歷，所以很有說服力。這裡就是一段他的真實故事。

　　有一天，希爾和辦公室大樓的管理員發生了一場誤會。這場誤會導致兩人之間彼此憎恨，甚至演變成一種激烈的敵對。這位管理員為了顯示他的不悅，當他知道整棟大樓裡只有希爾一個人在辦公室工作時，便把大樓的電燈全部關掉了。

　　這樣的情形一連發生了幾次，希爾「忍無可忍」，最後決定進行「反擊」。

　　某個星期天，希爾到書房準備第二天晚上發表的演講稿。希爾剛剛在書桌前坐好，電燈熄滅了。希爾立刻跳了起來，奔向大樓地下室。希爾到達那兒時，管理員正一面工作、一面吹著口哨，彷彿什麼事都沒有發生似的。

　　希爾立刻對管理員破口大罵，一口氣罵了五分鐘之久。最後，希爾實在再想不出什麼罵人的新詞句，只好放慢了速度。

　　這時候，管理員站直了身體，轉過頭來，臉上露出開朗的微笑，並以一種充滿鎮靜及自制的柔和聲調說道：

　　「呀，你今天早上有點激動吧，不是嗎？」

此時，希爾感到管理員的話就像一把銳利的短劍，一下子刺進了自己的身體。希爾覺得：管理員雖然沒有多少文化，卻在這場戰鬥中打敗了自己，更何況這場戰鬥的場合以及武器都是自己所挑選的。

這是拿破崙‧希爾事業生涯初期的一次經歷，它讓希爾意識到了缺乏自制的危害，使他獲得了一生的教訓。

✎ 感悟

生活中總是會有一些事情讓我們大為光火，忍無可忍，此時，一定要學會自制。忽視了自制，不僅會傷害到別人，也肯定會傷害到自己。而且有些人、有些事，實在不值一顧。千萬別把時間和精力浪費在「反擊」那些冒犯我們的人身上。

✎ 格言

不去寬容別人，是不配受到別人的寬容的。

—— 屠格涅夫

為惡意攻擊而大動肝火，會把事情搞得越來越糟

在 1960 年代初期的美國，有一位很有才華、曾經做過大學校長的人，出馬競選美國中西部某州的議會議員。此人資歷很深，又精明能幹、博學多識，看起來很有希望贏得選舉的勝利。

　　但是，在選舉的中期，一個關於他的小謠言漸漸散布開來：3、4年前，在該州首府舉行的一次教育大會中，他跟一位年輕女教師有那麼一點曖昧的行為。

　　這實在是一個彌天大謊，這位候選人對此感到非常憤怒，並竭力想要為自己辯解。由於按捺不住對這一惡毒謠言的怒火，在以後的每一次集會中，他都要站起來極力澄清事實，證明自己的清白。

　　其實，大部分選民根本沒有聽到過這件事，但是，在競選者的一次次辯白之後，人們卻愈來愈相信有這麼一回事。公眾們振振有詞地反問：「如果你真是無辜的，為什麼要為自己百般狡辯呢？」

　　如此火上加油，這位候選人的情緒變得更壞，也更加氣急敗壞、聲嘶力竭地在各種場合下為自己洗刷，譴責謠言的傳播。這樣做的結果，更使人們對謠言信以為真。最悲哀的是，連他的太太也開始轉而相信謠言，夫妻之間的親密關係被破壞殆盡。

　　最後，這位競選人落選了，從此一蹶不振。

　　與此相對，有另一個面對緋聞的故事：

　　1980年是美國大選年，這一年的總統寶座角逐者是民主黨人雷根（Ronald Reagan）和共和黨人卡特（Jimmy Carter）。

　　在一次關鍵的競選辯論中，卡特又對雷根當演員期間的生

活作風問題發起了猛烈的蓄意攻擊。

面對卡特的攻擊，雷根絲毫沒有憤怒，只是微微一笑，詼諧地調侃說：「你又來這一套了。」

雷根的話令聽眾哈哈大笑，反而把卡特推入了尷尬的境地，從而為自己贏得了更多選民的信賴和支持，最終獲得了大選的勝利。

✍ 感悟

人們在生活中時常會遇到惡意的攻擊、陷害，更經常會遇到種種不如意。有的人會因此大動肝火，結果把事情搞得越來越糟，而有的人則能很好地控制自己的情緒，泰然自若地面對各種刁難和不如意，在生活中立於不敗之地。

✍ 格言

人之謗我也，與其能辯，不如能容。人之侮我也，與其能防，不如能化。

—— 李叔同

‖ 施恩給故意刁難你的人，說不準會有意外的收穫

卡爾是一位賣磚的商人，由於對手的競爭而使他陷入了心理困境。對方在他的經銷區域散布謠言：卡爾的公司不可靠，

他的磚不好，生意也面臨即將停業的境地。卡爾並不認為對手會嚴重損害自己的生意，但這件麻煩事使他心中無名火起，真想「用一塊磚頭敲碎那人肥胖的腦袋」。

一個星期天早上，卡爾聽一位哲人的演講，主題是要施恩給那些故意為難你的人。卡爾把每一個字都記了下來。

當天下午，當卡爾在安排下週的日程表時，發現住在維吉尼亞州的一位顧客因新建辦公大樓需要一批磚，可是他所指定的磚不是卡爾公司所能生產的那種型號，卻與卡爾競爭對手出售的產品很相似，而此時那位競爭者完全不知道有這筆生意的機會。

這使卡爾感到為難。那位競爭對手剛剛在星期五搞砸了他一份 25 萬塊磚的訂單，他寧願對手永遠也得不到這筆生意，但哲人的忠告又一直盤踞在他的心田。因此卡爾又覺得不能不做些什麼。

最後，也許是因為很想證實哲人是錯的，卡爾拿起電話，撥到競爭者的家裡。卡爾很有禮貌地直接告訴了那人有關維吉尼亞州的那筆生意。當時，那位對手難堪地說不出一句話來，隨後對卡爾的幫助深表感激。卡爾又答應打電話給那位住在維吉尼亞州的承包商，並且推薦由對手來承攬這筆訂單。

後來，卡爾非常驚訝地發現，對手不但停止散布有關他的謊言，甚至還把他無法處理的一些生意轉給卡爾做。他們成了很好的合作夥伴。

✎ 感悟

　　對於曾經傷害過自己的人，要以德報怨確實是件不那麼容易的事情。唯其如此，只要以博大的胸懷去做，說不準會有意外的收穫。而且這也是不讓別人繼續傷害自己所能採用的上策，因為它可以化敵為友，化干戈為玉帛。

✎ 格言

　　化敵為友者的廣闊胸懷，能承擔整個世界。

　　　　　　　　　　　　　　　　── 瓦魯瓦爾（Tiru-valluvar）

‖ 經歷一次忍讓，就會開啟一道希望的大門

　　喬治‧羅納在奧地利首都維也納從事律師工作，一直到第二次世界大戰開始才回到祖國瑞典。他身無分文，急需找到一份工作。他會好幾種語言，所以想找個進出口公司擔任文書工作。

　　羅納投出了許多封求職信，大多數公司都回信說因為戰爭的緣故，他們目前不需要這種服務，但他們會保留他的資料等等。其中有一個人卻回信給羅納說：「你對我公司的想像完全是錯誤的，你實在很愚蠢。我一點都不需要文書。即使我真的需要，也不會僱用你，你連瑞典文字都寫不好，你的信錯誤百出。」

　　羅納收到這封信時，氣得暴跳如雷：「這個瑞典人居然敢說我不懂瑞典話！他自己呢？他的回信才是錯誤百出呢。」於是，

羅納寫了一封足夠氣死對方的信。

可是冷靜下來，羅納仔細想想後，對自己說：「等等，我怎麼知道他不對呢？我學過瑞典語，但它並非我的母語。也許出了錯誤，我自己都不知道。真是這樣的話，我應該再加強學習才能找到工作。這個人可能還幫了我一個忙，雖然他本意並非如此。他表達得雖然糟糕，但不能抵消我欠他的人情。我要寫一封信感謝他。」

羅納把寫好的信揉掉，另外寫了一封：「您不需要文書，還不厭其煩地回信給我，真是太好了！我對貴公司判斷錯誤，實在很抱歉。我寫那封信是因為我查詢時，別人告訴我您是這一行的領袖。我不知道自己的信犯了文法上的錯誤，我很抱歉並覺得慚愧。我會進一步努力學好瑞典語，減少錯誤。我要謝謝您幫助我成長。」

幾天後，羅納又收到回信，對方請他去辦公室見面。羅納如約前往，並得到了一份工作。

✎ 感悟

生活中有許多事當忍則忍，能讓則讓。忍讓和寬容不是懦怯膽小，而是關懷體諒。忍讓和寬容是給予，是奉獻，是人生的一種智慧，是建立人與人之間良好關係的法寶。一個人經歷一次忍讓，就會獲得一次人生的壯麗；經歷一次寬容，就會開啟一道希望的大門。

報復別人的同時，必然也傷害了自己

一位畫家在市場上賣畫，不遠處，前呼後擁地走來一位大臣的公子，這位大臣在年輕時曾經氣死過畫家的父親。

這位公子在畫家的作品前流連忘返，並且選中了一幅，畫家卻匆匆地用一塊布把它遮蓋住，並聲稱這幅畫不賣。

從此以後，這位公子念念不忘這幅畫，且因此心病而變得憔悴。最後，他父親出面了，表示願意付出一筆高價。可是，畫家寧願把這幅畫掛在自己陋室的牆上，也不願意出售。他陰沉著臉坐在畫前，自言自語地說：「這就是我的報復。」

大臣還多次買通其他的人，想透過他們買到那幅畫，可惜都被畫家識破，他無論如何也不肯賣那幅畫。

每天早上，畫家都要畫一幅他信奉的神像，這是他表示信仰的唯一方式。可是現在，他覺得這些神像與他以前畫的神像日漸相異。

這使他苦惱不已。他不停地找原因：是自己畫畫的水準越來越低，還是自己不夠專心，或者其他？但他一直找不到原因，這使他更加苦惱。然而有一天，他驚恐地丟下手中的畫，跳了起來：他剛剛畫好的神像的眼睛，竟然是那位大臣的眼睛，而嘴唇也是那麼地酷似。

畫家把畫撕碎，並且高喊：「我的報復已經回報到我的頭上來了！」

感悟

　　打人的同時，自己的手也會感到疼痛。仇恨是一把雙刃劍，刺傷別人的同時也刺傷了自己。如果能以德抱怨，原來的敵人可能成為朋友，自己的生活也會變得豐富多彩。

格言

最高貴的復仇是寬容。

—— 維克多・雨果

摩擦在所難免，但不要睚眥必報

　　老王今年剛剛 50 歲，但因公司不景氣，1998 年夫妻雙雙失業。老王的鄰居林先生是一家公司的中層主管，老王看著對門的林先生一家過著滋潤的日子，而自己家卻還要為一日三餐憂愁，心裡感到很不平衡。

　　每次兩家人碰面的時候，老王總是板著臉，一副不愛搭理的樣子。這樣的情形常常讓林先生一家很是尷尬。

　　不久，有些迷信的老王，不知從哪兒冒出了一個莫名其妙的念頭 —— 林先生一家的位置擋了他們家的風水，把他家的「財運」給克了，林先生是個「惡鄰」。這個念頭一產生，老王就開始有了一些奇怪的舉動。

　　比如，經常在林先生家的門上貼一些「符咒」，或者每逢初

一、十五就在林先生家門口又燒紙又叩拜的。

面對這些，林先生一家不勝其煩，但每次都因為話不投機，反而加劇了兩家人之間的矛盾。

後來，物業公司安排老王去給一家公司看大門，但人家嫌棄老王年紀大。眼看讓老王再就業的辦法就要沒了，管委會也跟著著急。

出人意料的是，就在這時，林先生向老王伸出了援助之手。林先生說，最近他的公司裡缺一名工友，薪資從優，如果老王不嫌棄，可以去試試。

面對林先生的一番好意，老王一時不知該說什麼，往事一下湧上心頭，頓時眼睛就紅了……

🖋 感悟

鄰里之間，朋友之間，發生點小摩擦是在所難免的。斤斤計較、睚眥必報，固然可以消一時之氣，卻使自己多了一個敵人。得的是一時痛快，失的是長久利益。莫若學學林先生，以德報怨，化敵為友。

🖋 格言

記人之長，忘人之短。

—— 張九齡

用謙讓的方法，得到的會比期望的更多

戰國時期，藺相如因卓越的外交才能而被趙惠文王拜為趙國的上卿，位列戰功卓著的老將軍廉頗之上。

廉頗對此大為不滿，為自己屈尊於只會動嘴皮子的藺相如之下而心中不服，公開宣稱遇到藺相如時，一定要當面羞辱他一番。

藺相如知道這種情況後，不願意因和廉頗爭位置先後而傷了和氣，便處處留意，上朝時候每每稱有病，以便迴避。

有一次，藺相如乘車外出，遠遠望見廉頗的車子急馳而來，急忙叫手下人將車趕入一條小巷，給他們讓開了路。手下人見廉頗的車得意洋洋地遠去，非常氣憤，以為藺相如怕廉頗。

面對部屬的疑慮和猜疑，藺相如坦誠地說：

「我連如狼似虎的秦國都不怕，難道還怕廉頗老將軍嗎？俗話說，兩虎相爭，必有一傷。我與廉頗身為趙國大臣，如果我們將相不和，互相殘殺，只會使秦國得利啊。所以，我對老將軍處處避讓，完全是出於對國家安全的考慮，與我們的個人恩怨無關。」

此話後來傳到了廉頗的耳中，他為藺相如有如此寬大的胸懷深深感動，更為自己的言行深感愧疚。於是脫掉上衣，背負荊杖，親自到藺相如家中請罪。藺相如見廉頗態度真誠，連忙親手解下荊杖，請他入座，兩人坦誠相敘，從此誓同生死，成為至交，也成就了一段「將相和」的千古佳話。

✎ 感悟

寬容所至，化干戈為玉帛，仇恨的烏雲也會被一片祥和之光所驅散，澄明而遼闊。越是具有寬容品格的人，越能超越自我，成為一個高尚的人。讓我們牢記這句古語吧：「用爭奪的方法，我們永遠得不到滿足，但用謙讓的方法，我們可能得到的比我們期望的更多。」

✎ 格言

人心不是靠武力征服，而是靠愛和寬容大度征服。

—— 史賓諾沙（Baruch Spinoza）

‖ 以德報怨，寬恕的是別人，受益的是自己

在「安史之亂」前，郭子儀與李廣弼共同在朔方節度使手下共事，二人一向不和，雖同坐一條板凳開會，但從不交談。李廣弼曾對人說：「讓我與郭子儀位列一起，我真感到恥辱，他不過是個有名無實的傢伙罷了。」郭子儀聽罷，也就一笑了之，並未深究。

安史之亂爆發後，朔方節度使調回京城，位置也就空了出來。郭子儀和李廣弼都是最有可能升任這個位置的。不久，詔令下來，郭子儀被任命為朔方節度使，李廣弼在其手下聽候差遣。

李廣弼左思右想，深為恐懼，認為自己肯定會受到迫害。為了保全家人，一天，他跪拜於郭子儀面前，說：「我一向是個粗人，多有得罪，死不足惜。願將軍能放過我那可憐的一家老小。」

郭子儀見此行、聽此言大驚，連忙親自扶李廣弼起來，拉著他的手說：「李將軍，你多慮了，把我郭某看成什麼人了。如今國家處於危難之中，你我兄弟應該攜起手來，精忠報國，共擊叛賊，我哪能做出使親者痛、仇者快的蠢事呢。」從此，二人和好，合力共擊安史叛軍。

西元 756 年，李廣弼指揮的大軍被史思明圍困於嘉山，危在旦夕，而當時唯一能救他們的是遠在幾百里外的郭子儀大軍。李廣弼心想：「我命休矣，路途遙遠，危險重重，郭子儀怎能捨身來救以前的仇敵呢？」就在千鈞一髮時刻，郭子儀親率大軍，日夜兼程，飛馳來救。

李廣弼被郭子儀一心為公、以德報怨的胸懷所深深打動，從此緊隨郭子儀轉戰南北，成為郭子儀最得力的左膀右臂，為平定「安史之亂」建立了不朽的功勳。

✎ 感悟

冤冤相報何時了，以德報怨天地寬。背負著怨恨，在內心積聚憤怒與復仇之火，燒焦的只能是我們自己的身心。失去的只能是我們自己生活的快樂。以德報怨，雖然寬恕的是別人，受益的卻是自己。

> **格言**
>
> 以恨還恨，恨永遠存在；以愛還恨，恨自然消失。
>
> —— 釋迦牟尼

設身處地考慮對方，就會少些恩怨、衝突

又一個聖誕節到了，母親帶著 5 歲的兒子去買禮物。

大街上響著聖誕讚歌，櫥窗裡裝飾著綵燈，裝扮可愛的小精靈載歌載舞，商店裡五光十色的玩具應有盡有。

「一個 5 歲的男孩，將以多麼興奮的目光觀賞這絢麗的世界啊！」母親毫不懷疑地想。然而她絕沒有想到，兒子卻緊拽著她的大衣衣角，嗚嗚地哭出聲來。

「怎麼了，寶貝？」母親有些不解，「要是總哭個沒完，聖誕精靈可就不到我們這裡來啦！」

「我，我的鞋帶開了……」

母親不得不在人行道上蹲下身來，為兒子繫好鞋帶。繫鞋帶時，母親無意中抬起頭來，頓時驚愕不已：「啊，怎麼什麼都沒有？」—— 沒有絢麗的綵燈，沒有迷人的櫥窗，沒有聖誕禮物，也沒有裝飾豐富的餐桌……

原來，那些東西都太高了，孩子什麼也看不見。落在他眼裡的只有一雙雙粗大的腳和女人們低低的裙襬，在那裡互相摩

擦、碰撞……母親的心震顫了：「真是好可怕的情景！」

　　母親立即把兒子帶回了家，並發誓今後再也不把自己認為的「快樂」強加給自己兒子。

✎ 感悟

　　人們往往太習慣於從自己的立場出發看問題，太習慣於把自己的意志強加給別人了。世間的矛盾、衝突，無論大小，往往正是由此而來。站在對方的位置看問題，自然就會少一些恩怨衝突，少一些你死我活的爭鬥，世間也就多幾分和諧、美好。

✎ 格言

　　觀點的不同，全在於視點的不同。

　　　　　　　　　　　　── 詹姆斯・羅曼（James Roman）

迴避衝突是不明智的，要學會解決衝突的技巧

　　在一家建築公司裡，麥凱是布萊恩的助手。在性格與風格上，他們兩人是完全相反的。布萊恩非常誠實，他不但不張揚自己對工程的重要性，而且主動提攜同事（自己站在後面，給同事以充分表現的機會），主動為客戶著想（對客戶指出可能出現的超預算，即使超預算的可能性還很小）。

　　麥凱則完全相反，他不但工作不嚴謹、不謹慎，而且還明目張膽地掠奪布萊恩的工作成果。他習慣性地對布萊恩撒謊，例如他說會幫助布萊恩解決設計問題，卻跑到老闆那裡詆毀布萊恩，說他的計劃無法施行。布萊恩發現後非常氣憤，但他息事寧人，什麼也沒說，什麼也沒做。麥凱同樣也對客戶說謊，他中傷競爭對手，以荒謬的低價去爭得競標，事後又拼湊帳目以報帳。

　　這種欺詐持續了數月，布萊恩內心燃燒著憤怒，表面卻很平靜。最後，麥凱又騙得了一個和布萊恩平起平坐的職位。這件事成了布萊恩的一個轉折點：雖然他是個根深蒂固的「老好人」，但可以預見到在不久的將來，麥凱會爬到一個更高的位置上，而他自己則會披著破布流落街頭。

　　布萊恩開始不再保護麥凱。過去他們一起工作時，麥凱起草的工程預算讓專家一看就知道低劣到了荒謬的地步。在送給客戶看之前，布萊恩總是認真檢查，將錯誤的數據改過來。碰巧此時公司正在競標一個重要的辦公室，工程的一個重要預算交給了布萊恩和麥凱。以往，為了遮掩麥凱的欺騙，在別人看見之前，布萊恩總是先把他的那些錯誤都改過來。這一次，布萊恩決定讓負責這個工程的合夥人一起來看麥凱做的預算。

　　還沒弄清怎麼回事，麥凱已經被叫到合夥人的辦公室，由合夥人與布萊恩一起檢查數據。開始合夥人覺得數據奇怪，然後就勃然大怒。很明顯，麥凱企圖用低報價來獲得工程的做

法，客戶仔細一檢查就會立即露出馬腳。老闆疑惑地望著麥凱：這個愚蠢的計劃不僅缺乏職業道德，也使整個工程處於危險中。

　　數週之內，麥凱被迫離開了公司，布萊恩終於明白了做個「老好人」有多危險 —— 不論對個人還是對公司。

📖 感悟

　　人與人之間的衝突是現實的、必然的，根本不可能迴避，意識到這一點，就要培育面對衝突的勇氣，學習解決衝突的技巧。我們要下功夫的，不是搜尋避免衝突的詭計，而是尋找解決衝突的辦法。

📖 格言

　　世界上有一種人具有狼的脾性，在強者面前俯首卻把弱者欺凌。如果你勇於鬥爭他就周身發抖，假如你稍一示弱他就殘暴無情。

—— 巴哈爾（Bahr）

‖ 尊重使路人變朋友，忽視使朋友變路人

　　一位企業家訂購了一輛朝思暮想的名牌轎車，數月後，他接到汽車公司的電話，通知他前往取車，並約定了取車的日期和時間。

第二天，企業家與妻子滿心歡喜地一起如約來到汽車展示廳，可那位業務員卻沒能遵守約定的時間。15 分鐘後，他終於輕鬆自得地吹著口哨出現在展示廳的另一端。雖然他看到了正在等候的顧客，卻沒有直接上前，而是向夫婦倆揮揮手，接著就鑽進了展示廳旁的一間屋子。

等得心焦的顧客開始四處找那位業務員，結果發現他正忙著給找過他的人逐一回電話。等他最終有空朝夫妻倆轉過頭來時，嘴裡說的卻是：「沒錯，你們今天來取車。等一下，我馬上把單據找出來。」── 顯然，取車的準備工作才剛剛開始，這簡直讓顧客目瞪口呆。

終於可以辦理交車手續了。但辦手續的地方不是一個專門的辦公室，而是展示廳中間業務員那張堆放著雜亂無章的檔案、還蒙著一層灰的辦公桌。顧客本指望交車過程中可以受到「親切而隆重」的禮遇，但這一願望同樣落了空。這位業務員的態度就像是在隨意處理一件司空見慣的小事，桌上的電話響個不停，而他則高高興興地接起電話講個沒完沒了，夫婦倆不得不「旁聽」著另一次電話銷售。

漸漸地，企業家初來時的喜悅心情一掃而空。他看到的只是：自己和妻子是那麼不被尊重，就算在二手市場上打聽一條最廉價的牛仔褲的價錢，人家對他的態度恐怕也會比眼下要好些。

企業家夫婦十分沮喪地取走了他們的車，但他們說：「假如當時還能取消訂單的話，我們一定毫不猶豫。」

✎ 感悟

　　接待貴客的經歷，恐怕許多人都有過的。如果對所有的人都像對待貴客一樣彬彬有禮，別人也會待你像貴客；如果對待貴客像對待路人一樣，別人將從此把你視同路人。

✎ 格言

　　如果你禮貌和氣，就會贏得許多人的友誼。

—— 《逸經》

只有相互依靠、支持，人才能夠站立起來

　　郭老師高燒不退。查看 X 光照片後，發現胸部有一塊拳頭大小的陰影，醫生懷疑是腫瘤。同事們紛紛去醫院探視，回來的人說：「有一個叫王端的女人，特地從別的縣市趕過來看郭老師，不知是郭老師的什麼人。」又有人說：「那個叫王端的整天守在郭老師的病床前，餵水餵藥端便盆，看樣子跟郭老師可不是一般關係呀。」

　　就這樣，去醫院探視的人幾乎每天都能帶來一些關於王端的花絮，更有人講了一件令人不可思議的奇事，說郭老師和王端一人拿著一根筷子敲便當玩，王端敲幾下，郭老師就敲幾下，敲著敲著，兩個人就又哭又笑起來……

　　十幾天後，郭老師的病確診不是腫瘤。不久，郭老師就喜

氣洋洋地回來上班了。有人問起了王端的事，郭老師深情講述了一段大地震中的經歷——

「王端是我以前的鄰居。大地震的時候，王端被埋在了廢墟下面，大塊的樓板在上面一層層壓著，而父母的屍體就在身邊，王端在下面嚇得直哭。鄰居們找來木棒鐵棍撬那樓板，可說什麼也撬不動，就說等著用吊車吊吧。

「天黑了，人們紛紛謠傳大地要塌陷，於是就都搶著去占鐵軌。只有我沒動。我家活著出來的只有我一個人，我把王端看成了可以依靠的人，就像王端依靠我一樣。我對著樓板的空隙朝下面喊：『王端，天黑了，我在上面跟你做伴，你不要怕呀！現在，咱倆一人找一塊磚頭，你在下面敲，我在上面敲，你敲幾下，我就敲幾下——好，開始吧。』

「就這樣，王端在下面敲『噹噹』，我便也敲『噹噹』，她敲『噹噹噹』，我便也敲『噹噹噹』……漸漸地，下面的聲音弱了、斷了，我也迷迷糊糊地睡去。

「不知過了多長時間，下面的敲擊聲又突然響起，我慌忙撿起一塊磚頭，回應著那求救般的聲音。王端顫顫地喊著我的名字，激動得哭起來。

「第二天，王端被救了出來。」

✎ 感悟

　　人是由相互支撐的一撇一捺構成的，只有相互依靠、支持才能站立起來。這就要求我們對別人付出更多的關愛、幫助；由此，我們也就會獲得別人的關愛和幫助。

✎ 格言

　　助人於危難中的朋友才是知己。

　　　　　　　——《阿爾弗雷德諺語集》（ *The Proverbs of Alfred* ）

‖ 為別人點燃了火把，自己也獲得了光明

　　一位郵差給一個老太太送信時，經常看到那位瘦小的老夫人從她那美麗的大房子中走出，藉助一輛四個輪子的助行車，掙扎著走上房前的小路，去信箱取她的郵件。她每向前走一步都非常吃力。

　　在隨後的一個月裡，郵差好幾次遇到老夫人，每次都看到取信對她來說是一項多麼艱難的任務。他猜想老夫人從她房子前門走到信箱再返回去，至少要花 20 分鐘。她每走幾步都要停下來歇一歇。

　　一個週末，這位郵差光顧了當地的一家五金商店，買了一隻銅製的信箱。然後，他驅車來到老夫人的家，敲響了房門，並站在門口耐心地等待。

當老夫人終於把門開啟時，郵差禮貌地問她是否允許自己把這個信箱釘在她的門上，以省去她每天走到原來那個信箱取信的辛苦。她同意了，因此他就把那個信箱釘在了她的房門上。

在接下來的幾個月裡，當郵差送來老夫人的信時，他便直接走到她的前門，把信塞進那個信箱。但從此以後，他再沒有跟老人打過照面。

有一天，當郵差走上老夫人家房前的小路時，發現一個男人正站在臺階上等他。那個男人介紹說，他是老夫人的代理律師。他告訴郵差，老夫人已經去世了，並且問他今後能否將老人所有郵件轉送到律師事務所。隨後，他遞給郵差一個信封，裡面是老夫人留下的一封信 —— 老夫人把她的房子、家具等所有物品，都留給了這位郵差先生。在信中，老夫人寫道：

「郵差先生，你對我的友善甚至超過了我的家人所給予我的。我已經有 20 年沒有收到他們的訊息了，他們不肯為了我而暫時放開他們手中的工作，而你卻做到了這一點」。

「願上帝保佑你的餘生幸福安康。」

✎ 感悟

永遠不要低估善行的威力。當人們盡心去幫助周圍需要幫助的人時，給他們帶來的是方便，留給自己的是欣慰，即使助人的人並不希望得到任何回報。

> ✎ **格言**
>
> 你為別人點燃了火把，你自己也獲得了光明。
>
> ——《五卷書》

助人的雙手往往比祈禱的雙唇更神聖

第二次世界大戰期間的一天，大雪紛飛，滴水成冰，盟軍最高統帥艾森豪（Dwight D. Eisenhower）將軍正乘車回總部參加緊急軍事會議。

忽然，艾森豪看到一對法國老夫婦坐在馬路旁邊，凍得瑟瑟發抖。他立即命令身邊的翻譯官下車了解詳情，可一位參謀急忙阻止說：「我們得按時趕到總部開會，這種事還是交給當地的警方處理吧！」

艾森豪卻堅持說：「等到警方趕到的時候，這對老夫婦可能早已凍死啦！」

原來，這對老夫婦準備去巴黎投奔自己的兒子，但因為車子拋錨，前不著村，後不著店，正不知如何是好。

於是艾森豪立即把這對老夫婦請上車，特地繞道將這對老夫婦送到家後，才風馳電掣地趕去參加緊急軍事會議。

會議結束了，總部的一位參謀走過來，向艾森豪將軍表示祝賀：「將軍，您真幸運！」原來，那天幾個德國納粹狙擊手早

已虎視眈眈地埋伏在艾森豪原本必經的路上，如果不是因為助人而改變了行車路線，他恐怕很難躲過那場劫難。

🖋 感悟

　　故事聽起來有些宿命的色彩，但又不能簡單地把這種得失歸因於冥冥的力量，因為它實在是社會互動的必然。幫助別人就等於幫助自己，我們的善意、愛心終究會得到豐厚的回報。

🖋 格言

助人的雙手比祈禱的雙唇更神聖。

—— 西方民間諺語

▌小小的給予，可能連著大大的回報

　　一位窮苦學生為了湊足學費，挨家挨戶地推銷商品。由於他一心一意想湊足學費，於是決定硬著頭皮乞討食物度日，以便盡可能少花每一分錢。

　　年輕人敲了一戶人家的門，開門的是個小女孩，他一看便失去了勇氣，心想：天下哪有大男生跟小女孩討東西吃的？於是他只要了一杯開水解渴。

　　小女孩看出他非常飢餓，於是拿了一杯開水與幾塊麵包給他。他把食物接過來，狼吞虎嚥地吃著。一旁的她看到他這種

吃法，不禁偷偷地笑了。

吃完後，他很感激地說：「謝謝你，我應該給你多少錢？」

她滿臉開心地笑著說：「不必啦，這些食物我們家很多。」

年輕人覺得自己很幸運，在陌生的地方還能受到他人如此溫馨的照料，真讓人感動。

多年以後，小女孩長大了，卻感染了罕見的疾病，許多醫生都束手無策。女孩的家人聽說有一個醫生醫術高明，找他看看或許有治癒的機會，便趕緊帶她去接受治療。在醫生的全力醫治和長期的護理下，女孩終於恢復了往日的健康。

出院那天，護理師把醫療費用帳單交給了她。女孩幾乎沒有勇氣開啟來看，她知道可能要一輩子辛苦工作，才還得起這筆醫療費。最後，她還是開啟了，看到簽名欄寫了這樣一句話：

「一杯開水與幾塊麵包，足夠償還所有的醫療費。」

女孩眼裡含著淚水，她明白，主治醫生就是當年那個窮學生。

✍ 感悟

一次小小的給予，就可以幫助一個人渡過難關；也往往因為這樣，在我們遇到難關的時候，就會有人會幫助我們。如果我們在別人需要幫助的時候未能伸出援手，到我們有需要的時候，就很可能也得不到我們想要的幫助。

> ### ✍ 格言
>
> 施惠者不圖報，受惠者不忘恩。
>
> —— 中根東里

及時表達出心中的歉意，
會把人際關係導向更好的境地

諾曼是一位婚姻調解員，這份工作可是相當的不輕鬆。

一天晚上，經過一場冗長的婚姻調解，回到家裡時，諾曼渾身都洩了勁兒。「但願，」諾曼疲憊不堪地聲稱，「有人給我一張能夠挽救那些搖搖欲墜婚姻的妙方。」

正好，諾曼當牧師的父親正住在他家裡。「孩子，我給你一個。」看著無助的兒子，他說，「這個方子只有一句話，你只消說服夫妻倆互道一次『對不起』。試試看，你會明白它的效力的。」

於是，諾曼真的這樣試了試。父親說的不假，這句話的力量似乎能把山搬走。

後來，諾曼在工作中經常使用父親的方子。當一對爭吵的夫妻來到他這裡，他會私下對每一方都這樣說：「我知道你受了很多的委屈，但是請告訴我，你對自己的哪一個舉動是最感到抱歉的呢？」無論多麼勉強，他們總還能向諾曼承認一些欠缺和不當之處。然後，諾曼就把雙方召集在一起，並且要求他們把曾經對

他說過的話重複一次。這對夫妻照辦了，奇蹟隨之出現，雙方原本不可遏制的怨恨和氣惱煙消雲散，手挽手離開了諾曼的事務所。

　　諾曼不僅把這方子用在工作之中，也用在家庭和其他人際交往中，結果屢見奇效。他深有感觸地說：「把心中的歉意表達出來，說聲對不起，許多問題都可以迎刃而解。」

✎ 感悟

　　人與人有交往，就難免磕磕碰碰，產生衝突和不快。只要一方及時地站出來，說聲「對不起」，就可以化干戈為玉帛，甚至將雙方關係引向更好的境地。發自內心的歉意會使人感動，這種感動會化作善意，促進關係的進一步融洽。

✎ 格言

　　在指責他人之前，先檢查自己的錯誤。

—— 卡內基

‖ 讓對方慢慢體會自己的錯誤，衝突會變成融合

　　二子是個司機，休息對他來說就顯得特別重要。但是二子樓上的鄰居近來迷上了麻將，每天晚上吃完飯就開始戰鬥，直到深夜才罷戰。二子每次剛迷迷糊糊地睡過去，就會被他們嘩

啦啦的聲音吵醒，很難再度入眠。這樣過了一段日子，二子的身體明顯地消瘦，並且有幾次在路上還出現了險情。為此，他窩了一肚子的火。

一天晚上，就在他剛要睡過去的時候，樓上又傳來了「嘩」的一聲，麻將又上桌了！二子心中無名火頓起，拿起牆角的一把拖把就要往樓上捅。說時遲，那時快，二子的妻子小霞一下子就將二子剛剛抬起的手給抓住了：「不行，鄰居住著還是要講個禮貌，這樣多不好。」

第二天，小霞從商場買回一塊麻將布，送到樓上鄰居家，說：「我們公司搞活動發的，我也用不著，正好你們家用得上，拿去用吧。」

鄰居接過麻將布，大大地感謝了一番。

果然有效，晚上麻將聲音小多了，而且兩家的關係也明顯地比以前好多了。

幾天後，樓上的麻將聲奇怪地消失了。

一天，小霞在樓梯口碰到鄰居，就問：「怎麼這兩天沒有動靜了，不玩了？」

鄰居不好意思地說：「這幾天我們樓上那家也迷上了這玩藝兒，我們把麻將布送給他們了。真是不好意思，前一段時間也不知你們是怎麼過來的。」

> ✎ **感悟**
>
> 　　在別人犯了錯、干擾了自己時，要盡量禮貌地對待別人，讓對方慢慢地感受和體驗，然後自覺改正自己的錯誤。這不失為一種很好的解決衝突的方法。

> ✎ **格言**
>
> 　　人有禮則安，無禮則危。
>
> 　　　　　　　　　　　　　　　　　——《禮記》

與上司保持良好關係，不要敬而遠之

　　大力畢業於明星大學，聰明能幹，剛到公司就受到了注目。

　　大力性格耿直，頗有俠風，和同事們的關係處得不錯，但就是和上司不怎麼樣。老闆難得見到幾次，倒也不打緊；但部門主管天天照面，他也很少與人家溝通。有時候，主管找他談一些理論層面的事情，他也不冷不熱的。好在他的主管是一位正派人士，倒也沒有難為他。

　　對於和上司的關係，大力自有一番「高見」。一方面，他認為和上司走得太近，難免有巴結之嫌，這與他的觀念相悖。他覺得自己憑本事吃飯，沒有必要和上司套近乎。同時，他覺得和上司走得太近了，容易「勢利眼」，有些不夠哥兒們、姐兒們。此外，他對主管的嚴格要求以及逼命般的催促也頗有微詞。

後來，大力所在團隊的一項任務完成得不好，受到了公司的檢討。大家檢討原因時，談到了當初主管找大力討論問題時大力敷衍了事的事情，而如果那次討論能夠深入一些，應該就不會出什麼問題。

聰明的大力意識到了這一點，也了解主管能積極和自己商討問題的可貴。此後，大力和主管接近了好多。

不久，主管向公司推薦大力帶領一個團隊，公司採納了這一意見。此時，也成為「上司」的大力，才漸漸地理解了上司們的某些作為。

✎ 感悟

在職場中，很多普通職員始終對上司敬而遠之。這既可能是因為性格比較羞怯，不敢與上司打交道；也有可能是因為不理解自己的上司，觀念或行為有所衝突。這樣做，會使自己與上司越來越遠，同時也離升遷乃至成就等越來越遠。

✎ 格言

為人處世要如同豆腐一樣，既方正又柔軟。

—— 日本諺語

注意打好同事關係，有時它比能力更重要

　　碧妮大學畢業後進入一家公司工作，她執著地認為只要自己努力工作，展現出超人的工作能力，必然能夠獲得重用，並步步高昇。可是 1 年過去了，碧妮雖然表現出了出色的工作能力，但薪水並不比那些表現一般的同事高，職位也沒有得到晉升。

　　碧妮很不服氣，於是工作起來更加努力。她認為，只要自己足夠優秀，總有一天上司會看到她的能力與才華，從而給她加薪晉職，把她當作公司的骨幹。

　　但是，又 1 年過去了，碧妮還是在原地停留。相反，與她同時進公司的同事已經是獨當一面的主管了，薪水也比自己高出許多。

　　碧妮終於忍不住，向公司裡唯一與她要好的同事抱怨自己的懷才不遇。

　　然而，沒想到的是，同事卻很直接地告訴她一個令她感到震驚的原因。原來，雖然碧妮工作非常出色，但由於她恃才傲物，認為自己比別人都要優秀，因此沒把同事們放在眼裡，平時也就缺少了對同事的尊重，與同事的關係沒有處好。

　　上司雖然也知道碧妮工作很出色，但擔心如果讓她升任主管的話，同事們會不配合，這樣當然不利於公司工作的開展與完成，所以一直遲遲未敢重用她。

就這樣，工作細心、處事粗心的碧妮，怎麼也沒想到，自己竟然是因為忽略了人際關係，而一直未受到重視與提升。

🍃 感悟

培養了無數成功人士的哈佛大學商學院的一個調查表明：在事業有成的人士中，26% 靠工作能力，5% 靠家庭背景，而人際關係則占 69%。可見，要想成為出類拔萃的頂尖人才，並不能僅僅靠提升才能，更重要的是拓展你的人際關係，提升你的人脈競爭力。

🍃 格言

我在社交活動中的做法就是對人和顏悅色。我認為這一點對所有的人都是適用的。

—— 狄更斯

多和比我們優秀的人交往，自己也就優秀起來

美國有一位名叫阿瑟·華凱的農家少年，在雜誌上讀了一些大實業家的故事，很想知道得更詳細些，並希望能得到他們對後來者的忠告。

有一天，他跑到紐約，也不管幾點開始辦公，早上 7 點就到了威廉·亞斯達的事務所。

在第二間房子裡，華凱立刻認出了面前那體格壯實、一副濃眉的人是誰。高個子的亞斯達開始覺得這少年有點討厭，然而一聽少年問他：「我很想知道，我怎樣才能賺得百萬美元？」他的表情便柔和並微笑起來，兩人竟談了一個鐘頭。隨後亞斯達還告訴他該去訪問的其他的實業界名人。

華凱照著亞斯達的指示，遍訪了一流的商人、總編輯及銀行家。

在賺錢方面，華凱所得到的忠告並不見得對他有所幫助，但是能得到成功者的知遇，卻給了他自信。他開始仿效他們成功的做法。

又過了2年，這個20歲的青年成為他當初做學徒的那家工廠的所有者。24歲時，他是一家農業機械廠的總經理，為時不到5年，他就如願以償地擁有百萬美元的財富了。後來，這個來自鄉村粗陋木屋的少年，終於成為銀行董事會的一員。

阿瑟‧華凱在活躍於實業界的67年中，實踐著他年輕時來紐約學到的基本信條，即多與優秀的人相結交，結果也像那些人一樣成就了自己的事業。

感悟

試著常和那些比我們優秀的人交往吧！我們應當和那些人格、品行、學問、道德都勝過我們的人交往，使我們能盡量汲取到種種對自己生命有益的東西。這樣可以激勵我們更趨向於高尚，激發出我們對事業更大的熱情和幹勁來。

✎ 格言

應該努力跟那些比你強，比你聰明的人做朋友。

—— 高爾基

第八章

左右逢源，把話說得滴水不漏

婉轉提示，避免傷及對方的自尊心

在一條小街上，有一家小理髮店，店主人是三位年輕女孩，分別名叫大秀、二秀、三秀，所以這家理髮店也叫「秀秀髮廊」。雖然店小而且地處偏僻，可來理髮的人卻絡繹不絕，原來這家髮廊不僅手藝高，而且服務態度也非常好。

一次，有位高個子女孩走進店來，要大秀給她理個像日本電影《生死戀》（愛と死）中的主角夏子那樣的髮型。

大秀發現這女孩長得俊俏，只是脖子長了些。要像夏子那樣把頭髮盤上去，勢必把脖子全暴露出來，多不雅觀；但要直說，又怕傷害對方的自尊心。

她想了一下，呵，有了。於是溫和地說：「大姐，聽你口音，不是本地人吧？」

「我搬來這裡好幾年了，但口音還是改不了。」

「怪不得，你長得比較高，其實，高才好看，身體苗條，穿裙子也漂亮。」

幾句話，把對方說得心裡甜絲絲的，好像雙方一下子親近了許多。

對方還沒有開腔。大秀又繼續說：「現在冬天到了，頭髮盤上去會凍壞脖子的。」

一句話點醒了對方，可能對方原來也知道自己脖子長，趕

忙說：「等一等，讓我再考慮考慮。」

大秀忙說：「我也正想和你商量，不如理個波濤式，髮尾剛好披在肩上，下部捲曲，中間起伏，上面收攏，配上你這身段，保證好看。」

女孩聽後滿意地點了點頭，笑了。

✎ 感悟

在許多場合下，有些話不便直接說出來，這時可以採取一種間接說理的方法。但是要注意掌握好偏離度，變換了的角度既要能避免直接觸及可能傷害對方感情的地方，又要與說明的問題有一定連繫；否則，就無所謂間接，也難以達到使對方明理的目的。

✎ 格言

對一個人持反對意見者，講話必須要謙和而委婉。

—— 培根

一句話說得合宜，就如金蘋果放在銀籃子裡

小劉和小趙是一對剛結婚不久的恩愛夫妻，平時住在公司宿舍，只有逢星期天小兩口才回家與父母團聚。

劉媽只有小劉這個獨生子，所以非常疼愛小劉，整天都牽掛著兒子的身體。

有一個星期天小兩口回家，劉媽當著媳婦的面說：「一週不見，小劉又瘦了。」很明顯，劉媽是在責備小趙沒有照顧好自己的兒子。實際上小劉並沒有瘦。

面對婆婆的責備，小趙沒有反駁，她接過話頭，說：「媽，這段時間我忙著籌辦公司的演講活動，沒時間好好照顧他。這都怪我。從明天起，我每兩天弄頓肉給他吃，每週再買些魚，加強營養。他也許要不了多久就會胖起來。」

第二週星期天，小兩口又回家與父母團聚。剛一回家，小趙就拉著婆婆的手，指著小劉，彙報說：「媽，這週我做了三頓肉、一頓魚，還從員工餐廳買回一隻清燉雞給他吃，可他還是沒有胖。媽，您有什麼好辦法，能讓他胖起來？」

婆婆被媳婦的話所感動，趕緊宣告：「他就這樣，吃什麼都沒有用。這是劉家祖傳的，人人都這麼瘦，你看他爸，還不是這個樣子。」

婆婆的話說得全家哈哈大笑。

✎ 感悟

在人與人交往的過程中，往往會因意見分歧產生矛盾。此時，不妨學學小趙，後退一步，順著對方的意願，以退為進，既避免了矛盾激化，又妥善解決了問題。

一句話說得合宜，就如金蘋果在銀籃子裡。

—— 《舊約全書·箴言》（*Book of Proverbs*）

後退一步顯示軟弱，利用「弱勢」取得成功

1923 年，新成立的蘇維埃政府受到來自西方一些國家的經濟和政治封鎖，當時的蘇聯經濟遭受了一定的衝擊。特別是當時蘇聯國內食品極其短缺，成了一個讓最高層頭痛的問題。為了解決人民的吃飯問題，前蘇聯政府派當時駐挪威王國的全權貿易代表柯倫泰（Alexandra Kollontai）與挪威商人談判，想購買一批鯡魚。挪威商人對蘇聯國內的政治局勢很清楚，對他們的困難也很清楚，所以他們想乘此機會提高鯡魚的價格，大大地撈上一筆。所以，柯倫泰與挪威商人的談判進行得很艱難。

柯倫泰心急如焚，但又毫無辦法。她躺在床上，輾轉反側，難以入眠。必須盡快地讓這幫挪威商人降下價來，否則國內的人就有可能被餓死。忽然，只覺得靈光一閃。她想到了一個好辦法。她興奮地從床上跳了起來。

第二天，當他們又重新坐到談判桌前的時候，柯倫泰一改以往的強硬態度，作出了讓步的姿態：「好吧，各位先生們，我就答應你們的條件，同意你們的價格。但是，我也有一個條

件，如果我的政府不批准這個價格，那麼，我就只好用我自己的薪資來支付這其中的差額。」

挪威商人們聽到這一條件，大家都感到有些吃驚，呆住了。

柯倫泰又說：「不過，實話告訴你們，我的薪資也是很有限的。這筆差額只能分期支付，有可能支付一輩子，也有可能一輩子也支付不完，到時候，還得請你們各位原諒。如果你們同意我這個意見，那麼，就請你們在合約上簽字吧！」

這一番話，在挪威商人心頭引起了很大的震動，他們相互交頭接耳一番後，決定降低鯡魚的價格，按照柯倫泰提出的價格成交。

第2年，柯倫泰被任命為前蘇聯政府駐挪威王國全權大使，成為世界第一個女大使。

✎ 感悟

在有些場合，與其以硬碰硬，不如後退一步，顯示自己的軟弱，這樣往往可博得對方的同情。然後，利用這一「弱勢」，或許可以成功。

✎ 格言

要使人信服，一句言語常常比黃金更有效。

—— 德謨克利特

真正精於談話藝術的人，是善於引導話題的人

曾流傳著這樣一個民間故事：

有個知縣看中了農民史老漢的那份田產，一心想霸占但又苦於找不到理由，強占又怕引起公憤。於是，他想出了一個壞主意，馬上傳下命令，指名要史老漢三天之內給他送去三頭懷胎的公牛，如不按期送到，則要沒收田產。

史老漢得知這個訊息，急得團團轉。老漢想：天底下哪有懷胎的公牛啊？這不是存心要霸占我的田產嗎？沒辦法，急得在家直哭。

媳婦聽見公公在屋裡哭，就問公公怎麼回事，老漢就把知縣要他在三天內送去三頭懷胎公牛的事說了。

媳婦聽了說：「公公不要哭，到時候我來回答他。」於是，老漢便答應了知縣的要求。

三天後，知縣還不見老漢送牛來，就帶著一群狗腿子到老漢家來，要搶占田產了。知縣一到史老漢家，卻見是老漢家的媳婦出來迎接，便惡狠狠地問：「老東西在不在？」

媳婦說：「在是在，就是出來不得。」

知縣驚奇地說：「人在怎麼怕出來，是不是想賴帳？」

知縣正要大發雷霆，媳婦馬上迎上前去賠著笑臉說：「哪裡敢賴帳？是他在屋裡生小孩啦。」

知縣說：「混帳，男人怎麼會生小孩？分明是有意抵賴，藉故胡說。」

媳婦說：「還是老爺明白，既然男人不會生小孩，你怎麼要公牛懷胎？」

知縣聽了，自討沒趣，灰溜溜地走了。

✎ 感悟

人們在生活、工作中，難免會遇見別人的刁難。這時候，有些人會忍氣吞聲，不知如何反駁；有些人則較為機智，將計就計，引導話題，以其人之道還施其人之身，讓刁難迎刃而解。當然，將計就計的前提是要完全掌握對方的意圖。

✎ 格言

真正精於談話藝術的人，其實是善於引導話題的人，同時又是那種善於使無意義的談話轉變方向者。

—— 培根

把話說到對方的心坎上，就能打動他、贏得他

在紐澤西州一家大肥料公司的一間辦公室裡，公司財務主管康納德·瓊斯正在和保險業務員傑克談話。瓊斯先生不認識傑克，很快傑克還發覺他對傑克的公司也毫不了解。

以下是他們的對話：

「瓊斯先生，您在哪家公司投了保？」

「紐約人壽保險公司、大都會保險公司。」

「您所選擇的都是些最好的保險公司。」

「你也這麼認為？」（他掩飾不住自己的得意）

「沒有比您的選擇更好的了。」

接著傑克向瓊斯先生講述了那幾家保險公司的情況和投保條件，告訴他大都會保險公司是世界上最大的保險公司，公司的經營狀況良好，有些社群的所有人都在這家公司投保。

傑克說的這些絲毫沒有使瓊斯覺得無聊，反而聽得入神，因為有許多事是他原來不知道的。傑克看得出，瓊斯由於認為自己的投資判斷正確而感到自豪。

傑克這樣誇獎自己的競爭對手，是否會對自己不利呢？看看接下來發生了些什麼。

傑克對競爭對手的了解和對競爭對手的誇獎，給瓊斯先生留下了深刻印象。當傑克再把自己公司的投保條件與那幾家他所選擇的大公司一起比較時，由於經傑克介紹他已經熟悉了那幾家公司的情況，他就接受了傑克所提供的條件，因為傑克所在公司的條件更適合他。

再接下來的是，幾個月裡，瓊斯先生和其他四名高階職員從傑克所在公司購買了大筆保險。當瓊斯先生的公司總裁向傑

克諮詢傑克所在公司的情況時，瓊斯先生連忙插嘴，一字不差重複了傑克對他說的話：「費城三家最好的保險公司之一。」

✎ 感悟

　　在人生的旅途中，在生意中，我們時刻都需要贏得他人的信任。而適時地誇獎自己的對手把話說到他的心坎上去，可能是迅速贏得他人信任的辦法之一。

✎ 格言

　　我不會詆毀任何人，我將盡量把我所了解的他人的美德說出來。

—— 富蘭克林（Benjamin Franklin）

‖ 少一些發火、爭執，多一些體諒、寬容

　　當庫克駕駛著藍色的 BMW 汽車回到公寓的地下車庫時，又發現那輛黃色的法拉利停得離他的車位那麼近。「為什麼老不給我留些地方！」庫克心中憤憤地想。

　　有一天，庫克比那輛黃色法拉利先回到家。當他正想關掉引擎時，那輛法拉利開了進來，駕駛像以往那樣把她的車緊緊地貼著庫克的車停下。

　　庫克實在無法忍耐，外加他正患感冒，頭痛得屬害，又剛

剛收到稅務所的催款單。於是，他怒目瞪著黃色法拉利的主人大聲喊道：「瞧你！是不是可以給我留些地方？你離我遠些！」

那位黃色法拉利的主人也瞪圓雙眼回敬庫克：「和誰說話哪！」她一邊尖著嗓門大叫，一邊離開車子，「你以為你是誰，是總統？！」說完，不屑一顧地扭轉身子走了。

庫克咬咬牙，心想：「讓你嘗嘗我的厲害。」

第二天，庫克回家時，黃色法拉利正好還未回車庫，庫克便把車子緊挨對方的車位停了下來。

接著的幾天，那輛黃色的法拉利每天都先於庫克回到車庫，逼得庫刻苦不堪言。

「老這樣下去能行嗎？該怎麼辦呢？」庫克立即有了一個好主意。

第二天早晨，黃色法拉利的女主人一坐進她的車子，就發現擋風玻璃上放著一個信封 ──「親愛的黃色法拉利：很抱歉，我家的男主人那天向你家女主人大喊大叫。他並不是有意針對哪個人的，這也不是他慣有的作風，只是那天他從信箱裡拿到了帶來壞消息的信件。我希望您和您家的女主人能夠原諒他。您的鄰居藍色 BMW。」

第二天早上，當庫克走進車庫，一眼就發現了擋風玻璃上的信封，他迫不及待地抽出信紙 ──「親愛的藍色 BMW：我家女主人這些日子也一直心煩意亂，因為她剛學會駕駛汽車，

因此還停不好車子。我家女主人很高興看到您寫的便條，她也會成為你們的好朋友的。您的鄰居黃色法拉利。」

從那以後，每當藍色 BMW 和黃色法拉利再相見時，他們的駕駛都會愉快地微笑著打招呼。

✎ 感悟

遇事不能急於發火、爭執，不妨多從自己一方面找找原因。多做些自我反思，多體諒、寬容一些，會使我們發現天空更藍、大地更廣，會使我們有一種如釋重負的昇華感，會給我們帶來一份好心情。

✎ 格言

我的確時時解剖別人，然而更多的是更無情地解剖自己。

—— 魯迅

‖ 理解他、承認他，才能說服他、影響他

戴爾·卡內基常到離家不遠的公園中散步、騎馬，以此作為消遣。他很喜歡橡樹，所以每當看見一些小樹及灌木被人為地燒掉時，就非常痛心。這些火不是由粗心的吸菸者所致，它們差不多都是那些到園中野炊的孩子們造成的。有時候，這些火蔓延得很凶，以致必須請消防隊員來才能撲滅。

有一次，卡內基跑到一個警察那裡，告訴他一場火正在園中急速蔓延，要他通知消防隊。警察卻冷漠地回答說：「那不是我的事。」因為火點不在他的管轄區裡。

卡內基急了，從那時起，當他騎馬的時候，就擔負起了保護公共設施的義務。看見樹下起火時，他上前警告孩子們，用威嚴的聲調命令他們將火撲滅。如果孩子們拒絕，他就恫嚇要將他們交給警察。

每當這種時候，孩子們懾於卡內基的恫嚇，總是及時遵從他的警告，趕忙熄火清理。但當卡內基離開以後，他們又重新生火，而且變本加厲，恨不得燒盡公園。

很快，卡內基發現了這種現象。分析之後，卡內基認為自己處理得太過生硬，所以造成了孩子們的叛逆之舉。

後來，卡內基站在孩子們的立場上來處理這一問題。他不再發布命令、威嚇孩子們，而是騎馬走上前去，向他們說道：

「孩子們，這樣很愜意是嗎？你們在做什麼晚餐？……當我是一個孩子的時候，我也喜歡生火，我現在也很喜歡。但你們知道在公園裡生火是極其危險的。我知道你們不是故意的，但如果我們不小心，這裡就會沒有樹林。因為生火，你們可能被拘捕入獄。我不干涉你們的快樂，我喜歡看到你們如此快樂。但請你們即刻將所有的樹葉耙得離火遠些，並且在離開以前小心用土把灰燼蓋起來。下次來玩時，請你們在山丘那邊的沙灘上生火，好嗎？那裡不會有危險。多謝了，孩子們。祝你們快樂！」

　　孩子們聽了這話，覺得卡內基是以朋友的姿態在跟自己說話，他們喜歡這老頭兒，也很樂意聽他的勸告。

✎ 感悟

　　反抗心理的產生，就在於施於者居高臨下，沒有站在對方的立場考慮問題。人人都希望被理解、被承認，理解他、承認他，才能說服他、影響他。設身處地地站在對方的立場上思考、行動，將會使人事半功倍。

✎ 格言

　　真誠地從對方的立場上思考問題，會讓你找出最好的問題解決辦法，會讓你輕易化解遇到的難題。

—— 佚名

▌誰都有說「不」的權利，該說時就說出

　　小劉剛參加工作不久，姑媽來到城市看望他。小劉陪著姑媽把這個小城轉了轉，就到了吃飯的時間。

　　一上午下來，小劉只剩下20塊錢了，這已是他所能拿出招待姑媽的全部家產了。他很想找個小餐廳隨便吃一點，可姑媽卻偏偏相中了一家很體面的餐廳。小劉無奈，只得隨姑媽走了進去。

　　坐下後，姑媽開始點菜，當她徵求小劉意見時，小劉只是

含混地說：「隨便，隨便點。」此時，他心中已七上八下，衣袋裡那可憐的 20 塊錢顯然是不夠的，這可怎麼是好？小劉幾次張了張嘴，就是沒說出來。

可姑媽好像一點也沒注意小劉的不安，她不停地誇獎這裡的飯菜可口，小劉卻什麼味道都沒吃出來。

最後的時刻終於來了，服務生拿來了帳單，直接走到小劉的面前。正在小劉不知所措的時候，姑媽接過帳單，然後把錢給了服務生。

之後，姑媽溫和地笑了，注視著小劉說：「小夥子，我知道你的感受，我一直在等待你說『不』，可你為什麼不說呢？要知道，有些時候一定要勇敢堅決地把這個字說出來，這是最好的選擇。我就是想讓你知道這個道理。」

小劉頓時明白了姑媽的良苦用心。他深深感激姑媽給他上了一課。

✎ 感悟

　　在現實生活中，說「不」是很難的，因為我們心懷許許多多的顧慮；但不這樣，往往會陷入更大的困窘之中。因此，遇到不合理的要求或在力不能及、心所不願的時候，要勇敢地說「不」。

✎ 格言

　　每個人都有說「不」的權利。

　　　　　　　　　　　　── 亨利‧梭羅（Henry Thoreau）

‖ 拒絕切忌生硬，說「不」要講技巧

　　拉姆這幾天明顯有些睡眠不足，他有太多的事情要做。可是，當鄰居傑妮請他過去幫忙弄一下電腦時，他說：「OK！」

　　哈特請他幫忙抬電子琴到樓下時，他說：「Yes！」

　　菲迪問他能否幫忙照看一下自己的小孩時，他說：「Of-Course。」

　　嘉莉要他為她的派對做張海報時，他說：「All Right！」

　　拉姆的特點是幾乎從不說「No」；而歐利在這方面的習慣卻與拉姆大不相同。

　　早上，露茜阿姨打電話來，問歐利能不能陪她一起去看「蘇富比」拍賣的中國古董。歐利說：「不！」

　　中午社群報紙打電話問歐利能不能為他們的徵文頒獎。歐利說：「不！」

　　下午聖若望大學（St. John's University）的學生打電話來，問他能不能參加週末的餐會。他說：「不！」

　　晚上，《華盛頓晚報》（The Washington Star）有傳真來問歐利能不能寫個專欄。他說：「不！」

　　當拉姆說四個「是」的時候，歐利說了四個「不」！

　　有人或許要認為歐利不近人情，可當事人並沒有這種感覺。因為，歐利很講究方式和技巧。當他說第一個「不」時，同時告

訴露茜阿姨：「下次拍賣古董，我會去。至於今天，因為我對家具、器物、玉石的了解不多，很難提出好的建議。」歐利說第二個「不」時，他說：「因為我已經做了評審，貴報又在最近連著刊登我的新聞，而且在一篇有關座談會的報導中讚美我，而批評了別人。如果再去頒獎，怕要引人猜測，顯得有失客觀。」歐利說第三個「不」時，他說：「因為近來有坐骨神經痛之苦，必須在硬椅子上直挺挺地坐著，像是挨罰一般，而且不耐久坐，為免煞風景，以後再找機會！」歐利說第四個「不」時，他以傳真告訴對方：「最近已經寄出一篇文章，專欄等以後有空再寫。」

　　儘管歐利說了「不」，但是說得委婉。他確實拒絕了，但拒絕得有理。因此能夠取得對方的諒解，自己也落得清閒，而不像拉姆那樣使自己睡眠不足。

✐ 感悟

　　這世界上確實有許多人不會說「不」，他們或是不敢，或是不好意思。他們顧慮重重，唯恐一個「不」字會拒人於千里之外，怕失去合作夥伴，怕引起上司的誤解，怕丟掉眼看到手的生意⋯⋯這就要求我們要學會說「不」的技巧。

✐ 格言

　　「屈己從人」在處世上雖有價值，但是在科學上不僅無益而且有害。

　　　　　　　　　　　　　—— 佛洛伊德（Sigmund Freud）

▎與其強加己意於人，不如啟發別人自動說出

　　威森專門替一家服裝設計師和紡織品製造商設計花樣的畫室推銷草圖。一連 3 年，威森每個星期都去拜訪紐約一位著名的服裝設計師。「他從不拒絕接見我，」威森說，「但他也從來不買我的東西。他總是很仔細地看看我的草圖，然後說：『不行，威森，我想我們今天談不攏了。』」

　　經過 100 次的失敗，威森終於明白自己做事過於古板。於是他下定決心，每個星期擠出一個晚上去研究做人處世的哲學。後來，威森終於明白了其中奧妙。他急於嘗試這種新方法，於是隨手抓起六張畫家們未完成的草圖，衝入買主的辦公室。「如果可以的話，希望你幫我一個小忙。」他說，「這是一些尚未完成的草圖，能否請你告訴我，我們應該如何把它們完成，才能對你有所幫助？」

　　這位買主默默地看了那些草圖一會兒，然後說：「把這些圖留在我這裡，威森，三天後再回來見我。」

　　三天後威森去了，獲得了那位買主的一些建議。威森取了草圖回到畫室，按照買主的意思精心修改。這次出乎意料的是，沒等威森去，那人就打電話來問設計圖修改好了沒有，希望修改後立即給他送過去。威森送去修改後的設計圖，這位買主滿意地留下了。

　　從那時起，這位買主訂購了威森許多其他的圖案，全是根

據他的想法畫成的 —— 而威森卻淨賺了幾千元的佣金。

後來，威森總結經驗教訓說：「我現在才明白，這麼多年來為什麼我一直無法和這位買主成交。我以前只是催促他買下我認為他應該買的東西。我現在的做法正好完全相反，我鼓勵他把他的想法交給我。他現在覺得這些圖案是他創造的，確實也是如此。我現在用不著去向他推銷，他會自動來買的。」

感悟

如果我們想讓別人接受我們的觀點，應該先允許別人表達他的觀點，這樣可以使我們的目的更容易實現，問題也更好解決。如果你能夠真誠地徵求別人的意見，讓他感覺到自己受到了重視、受到了尊重，感覺到他的觀點對你很重要，他又如何會拒絕自己的意見呢？

格言

懂得該沉默時沉默，比講話更能得益。

—— 諺語

║ 寬容別人的過失，對方會更加認真負責

孫剛是一家科學研究公司一把手徐主任的司機，他到這裡工作還不足兩個月。

一天中午，徐主任要去參加一個會議，要小孫兩點半來接他。可時間已到了四十分還不見小孫的影子。正當徐主任準備另找一輛車時，小孫氣喘吁吁地跑進了辦公室。

等會議結束，小孫送徐主任回家。一路上，小夥子垂頭喪氣，等著主任發火，他早已做好了被炒魷魚的準備。

徐主任見孫剛一直低頭不語，便和藹地問：「中午是不是有什麼事耽誤了？」

「不是，主任。因為昨晚半夜有急事出車，今天中午我想補會兒覺，誰知睡過了頭……」孫剛老老實實地說。

徐主任說：「沒事的，小夥子，以後好好做。明天早上繼續來接我。」孫剛後來一直跟著徐主任，負責他的用車，而且沒再出過什麼差錯。

無獨有偶。某出版社的一位工作人員向其主管請教一個問題，主管一時找不到答案，便請他去問老闆。這位老闆明知道答案，卻請員工先回去，說等自己查到答案再告訴他。

員工走後，老闆把答案寫在一張紙上，派另一個員工交給了提問的人，並在紙上註明，是他們的主管查到答案之後告訴了自己，自己又轉告這位員工的。

當主管得知老闆這樣維護自己時，十分感激，從此工作更盡心盡力。

金無足赤，人無完人，每個人都會犯各式各樣的錯誤，關鍵是面對錯誤如何處理才能得到更好的結果。寬容別人的過失，給予他人理解和尊重，對方會更加忠實於你。

格言

誰若想在困厄時得到援助，就應在平日待人以寬。

—— 薩迪

話到嘴邊留半句，千萬不要犯人忌

有一群人在看電視劇，劇中有婆媳爭吵的鏡頭。張大嫂便隨口議論道：「我看，現在的兒媳真是不知道好歹，不願意和老人住在一起。也不想想以後自己老了怎麼辦！」

話未說完，旁邊的小齊馬上站了起來，怒聲說：「你說話乾淨點，不要自找麻煩，我最討厭別人指桑罵槐！」

原來小齊平素與婆婆關係失和，最近剛從家裡搬出另住。張大嫂由於不了解情況，無意中犯了小齊的忌諱而得罪了小齊。

日常生活中，這樣無意間說話而觸犯別人忌諱的事情很多。

一天，李嬸對同伴們誇耀：「我那小孫子，真叫聰明，才上一年級就說英語了。以後啊，肯定能考個明星大學！」

人群裡的張奶奶不愛聽了：「喲，剛上一年級的孩子，能看出什麼來呀。社會變化快，孩子變化更快，您哪，還是先別高興太早了！」

原來，張奶奶的孫子智力有問題，16 歲了才上小學四年級，很多老人都拿他當「反面教材」，而張奶奶也不願意聽到誰家孩子從小就學習好的訊息。

有一位年輕的女孩長得很黑，抹了很多美白化妝品也不見效果，心裡很苦惱，也最怕有人說她黑。

有一天，她的同事小劉對她說：「喲，這還沒到夏天呢，怎麼又曬黑了？」

黑女孩立刻惱羞成怒：「我黑礙著你什麼了？黑是爸媽生的，誰要你看！」小劉不由鬧了個大紅臉。

在這裡，小劉明知對方的短處，卻還那壺不開提哪壺，這自然就犯了對方的忌諱，麻煩當然「現世報」。

✎ 感悟

「話到口邊留半句」，語言是人與人之間溝通的橋梁，要善加利用。運用得當，皆大歡喜、左右逢源，但利用不好，也許會在無意間傷及他人。

✎ 格言

縱然是嬉戲玩笑，輕慢之言亦傷害人心。

—— 瓦魯瓦爾

妄加評論不占理，挖苦之言不盡情

一天，一位在市區與鄉村之間跑長途拉私工作的司機，從火車站接到一位回家探親的女孩。司機原說下午 1 點半準時發車返回，但因為還有幾個人沒來，到了兩點，車還在市區到處接人。

女孩等得不耐煩了：「您不是說 1 點半發車嗎？現在都兩點了，怎麼還不走？」

司機說：「還有三個人沒來，都說好了，我們不等不妥。」

「可是我還沒吃午飯呢，您這車要是不準點，我就去搭長途巴士回家了。」

「咳，沒吃飯還不簡單，這裡這麼多餐廳和小吃攤，你隨便吃點什麼不都行嗎？」司機大大咧咧地說。

「可我都 1 年沒回家了，特別想吃我媽做的飯，而且在電話裡早就說好了，我媽等我回家一起吃。」

「你媽能做什麼好料呢，也不過是些粗茶淡飯。」司機仍滿不在乎地說。

「即使是粗茶淡飯，我覺得比城市裡的山珍海味強百倍，因為那是媽媽做的！」女孩固執地說。

司機的臉紅了，他剛知道，他們視為平常的家常便飯，在離家的遊子心中如此重要。

🖊 感悟

　　有時，有些人的某些行為在別人眼裡看起來很可笑，但是在不明真相的情況下，還是不要妄加評論為好。因為，這些看似荒唐的行為有時是有其特定緣由的，而且也絕對合情合理。

🖊 格言

　　挖苦之言，只能稱之為低階的機智。

—— 韋柏斯特

玩笑和幽默不僅令人開懷，而且還常有妙用

　　當美國第 28 任總統威爾遜（Woodrow Wilson）剛剛就任紐澤西州的州長之時，曾經參加了一次紐約南社的午宴，宴會的主席對大家介紹說：「威爾遜將成為未來的美國大總統。」當然，主席先生不可能有這樣的預測力的，這不過是他的溢美之詞而已。

　　於是威爾遜在稱頌之下登上了講臺，簡短的開場白之後，他對眾人說：

　　「我希望自己不要像從前別人給我講故事中的人物一樣。那個故事是這樣的 ——

　　「在加拿大，一群遊客正在溪邊垂釣，其中有一名叫詹姆斯的人，大著膽子飲用了某種具有危險性的酒。他喝了不少這種

酒，然後就準備和同伴們搭火車回去了，可是他並沒有搭北上的火車，反而是坐上了南下的火車。於是，同伴們急著找他回來，就給南下的那趟火車的列車長發電報：『請將一位名叫詹姆斯的矮個子送往北上的火車，他已經喝醉了。』很快，他們就收到了列車長的回電：『請將其特徵描述得再詳細些。本列車上有 13 名醉酒的乘客，他們既不知道自己的姓名，也不知道自己的目的地。』

「而現在的我，威爾遜，雖然知道自己的姓名，卻不能像你們的主席先生一樣，確知我將來的目的地在哪裡。」

在座的客人一聽都哄堂大笑，宴會的氣氛一下子變得愉快和活躍起來。

✎ 感悟

每個人都渴望朋友和友誼，那就必須從溝通開始。一個小小的玩笑或幽默的故事，或許能在瞬間拉近你和陌生人之間的距離，使你成為受人歡迎的人。

✎ 格言

玩笑與幽默不僅令人開懷，而且還常有妙用。

—— 西塞羅

放開喉嚨誇獎，壓低嗓門責備

1921 年，美國鋼鐵大王安德魯‧卡內基（Andrew Carnegie）慧眼獨具，提名夏布（Charles Schwab）為新成立的「美國鋼鐵公司」第一任總裁時，夏布才 38 歲。

為什麼安德魯‧卡內基每年要花在當時來說近乎天價的 100 萬聘請夏布呢，是夏布確實是個了不起的天才，還是夏布對鋼鐵生產比別人懂得多？都不是。夏布曾經說過，在他手下工作的許多人對鋼鐵製造其實都比他懂得多。

夏布說他之所以獲得高薪，主要是因為他善於處理人事，管理人事。他說：「我想，我天生具有引發人們熱情的能力。促使人們將自身能力發展到極限的最好辦法，就是讚賞和鼓勵。

「來自長輩或上司的批評，最容易使一個人喪失志氣。我從不批評他人，我相信獎勵是使人工作的原動力。所以，我喜歡讚美而討厭吹毛求疵。如果說我喜歡什麼，那就是真誠、慷慨地讚美他人。」

「我廣泛接觸過世界各地不同層面的人。我發現，無論多麼偉大或尊貴的人，他們和平常人一樣，在受到認可的情況下，比遭受指責的情形下，更能奮發工作，效果也更好。」

後來夏布離開了「美國鋼鐵公司」，接管當時陷入困境的「貝氏拉罕鋼鐵公司」。經過他的重新部署，這家鋼鐵公司不久也變成了全美獲利最大的公司之一。

夏布對起用他的伯樂卡內基十分欽佩，他認為安德魯・卡內基成功的原因之一，正是他不吝讚揚他人，包括公開的，也包括私下的。卡內基的墓誌銘可以說是對這一點的精彩總結：「這裡躺著一個人，他懂得如何奉迎比他聰明的人。」

✐ 感悟

真誠地讚美別人，幾乎是每個成功者、領導者的必備素養。真誠的讚美可以吸引別人和你走到一起來，還可以調動對方的積極性，激發他們的潛能，使他們做得更多、更好。聰明人，就是那些總說別人比自己聰明的人。

✐ 格言

誇獎別人時，我總是放開喉嚨，責備別人時，我總是壓低嗓門。

—— 葉卡捷琳娜二世（Catherine the Great））

┃ 讚揚像黃金鑽石，只因稀少而更有價值

那年湯姆 17 歲，馬上就要開始他的第一份全職工作（在一家大型商場的熟食部當實習經理）。這份工作給他的挑戰之一，是弄一些合適的衣服來穿。

那時，湯姆和他的祖母住在一起。於是，祖孫倆去了當地

最好的一家商店，位於雪梨喬治街和帕克街交叉十字路口一角的沃爾頓百貨商店。

祖孫倆來到五樓。男裝部的衣架林林總總，令人眼花撩亂。他們在裡面翻來找去。那個時候，湯姆還根本不懂得什麼色彩搭配和服裝的威力，或者說，有助於事業成功的著裝藝術。

就在這時，一位45、46歲、儀表端莊的女店員，脖子上掛著一條軟尺，走到湯姆和他的祖母跟前。她問他們是否在尋找什麼特殊的衣服。湯姆的祖母向她解釋說，湯姆就要開始他的第一份全職工作了——當實習經理，因此需要一些合適的衣服穿。

那位女店員一句話沒說，上上下下打量湯姆。過了一會兒，她說道：「嗯，他看上去是塊當經理的料。」但臉上卻看不出任何表情。

湯姆不知道此話是否是一句針對這種場合而精心設計的工作用語，但從她的語氣來看，和她願意花一個鐘頭的時間陪他們物色衣服，以確保衣服完全合身和搭配得當上來看，湯姆相信那句話是她由衷而發的。

「他看上去像塊當經理的料。」從此，女店員的這句話不時地迴響在湯姆的耳畔，尤其是在湯姆情緒低落、自信心不足的時候，它就像黑暗中的一盞燈！

✎ 感悟

　　不經意的一句話，有時會改變一個人的生活。一句鼓勵的話，會使聽的人信心倍增；而一句打擊的話，也可能釀成悲劇。因此，不要吝惜你的鼓勵，永遠別錯過給別人建立信心和勇氣的機會。

✎ 格言

　　讚揚，像黃金鑽石，只因稀少而有價值。

—— 塞繆爾・詹森

▌耐心聽完別人說話，才會避免誤解與爭端

　　美國知名主持人林克萊特（Art Linkletter）採訪一名小朋友，問他：「你長大後想當什麼呀？」

　　小朋友天真地回答：「嗯，我要當飛機駕駛員！」

　　林克萊特接著問：「如果有一天你的飛機飛到太平洋上空，所有引擎都熄火了，你會怎麼辦？」

　　小朋友想了想，說：「我會先告訴坐在飛機上的人繫好安全帶，然後我掛上我的降落傘跳出去。」

　　現場的觀眾頓時笑得東倒西歪，笑聲中包含著些微的責備和百分百的寬容。

　　林克萊特繼續注視著這個孩子，想看他是不是自作聰明的傢伙。沒想到，孩子的兩行熱淚奪眶而出。於是林克萊特問他：「為什麼要這麼做？」

　　小孩子的答案出乎所有人的意料：「我要去拿燃料，我還要回來！我還要回來！」

　　在這個故事中，觀眾因沒有耐心傾聽而誤解了孩子。實際上，需要我們耐心傾聽的，何止於聊天？工作中更需要耐心傾聽。

✎ 感悟

　　真正的傾聽等於傳達出這樣的資訊：「你的想法、行為與觀念對我很重要，我很感興趣。」傾聽可以建立起人與人之間的理解、信任和尊重，拉近彼此的距離，乃至獲得誠摯的支持和幫助。

✎ 格言

　　平心靜氣，多聽少說，因為口舌是製造這世界上最大的好事和最大的壞事的工具。

　　　　　　　　　　　　　　　　　　　　　　—— 佚名

‖ 誠懇專注的傾聽，勝過滔滔不絕的雄辯

在紐澤西州一家百貨商店裡，烏頓買了一套衣服。這套衣服令人失望：上衣褪色，把烏頓的襯衫領子都弄黑了。

後來，烏頓將這套衣服帶回該店，找到賣給烏頓衣服的店員。烏頓想訴說此事的經過，但被店員打斷了。「我們已經賣出了數千套這種衣服，」這位店員反駁說，「你還是第一個來挑剔的人。」

正在激烈辯論的時候，另外一位店員加入了。「所有黑色衣服起初都要褪一點顏色，」他說，「那是沒有辦法的，這種價錢的衣服就是如此，那是顏料的關係。」

這時烏頓簡直氣得起火：「第一個店員懷疑我的誠實，第二個暗示我買了一件便宜貨。」烏頓惱怒起來，正要與他們爭吵，突然間經理走了過來。經理懂得他的職責，他使烏頓的態度完全改變了 —— 將一個惱怒的人變成了一位滿意的顧客。他是這樣做的 ——

他靜靜地聽烏頓從頭至尾講述了自己的經過，沒插半句話。

當烏頓說完的時候，那兩位店員輪番發表意見，他則站在烏頓的立場上與他們辯論。他不僅指出烏頓的領子顯然是為衣服所染，並且堅持說，這樣的東西不應該在店裡出售。

他承認自己不知道毛病的原因，並直率地對烏頓說：「你要我如何處理這套衣服呢？你說什麼，我可以照辦。」

幾分鐘之前還堅持要退掉衣服的烏頓這時卻說：「我只要你的建議，我想知道這種情況是否是暫時的，是否有什麼辦法解決。」

那位經理建議烏頓再試一個星期，到時不滿意可隨時退換，並對此事深表歉意。

結果，烏頓滿意地走出了商店。

🖎 感悟

俗語說「沉默是金」，與沉默相近的傾聽也頗具價值，因此也可以說「傾聽是金」。優秀的人士都更喜歡傾聽他人的談話，而不是自顧自地在那裡滔滔不絕；同樣地，專注傾聽可以征服人心，滔滔講演卻未必能有多大說服作用。

🖎 格言

如果講話沒有鞭辟入裡的機智和保持沉默的技巧，是很大的不幸。

—— 拉布呂耶爾（Jean de La Bruyère）

最高明的說服技巧，就是靜靜地傾聽

紐約電話公司曾經應付過一個咒罵接線生的顧客。那位顧客發狂地咒罵恫嚇要拆毀電話，拒絕支付某種自認為不合理的

費用；他寫信給報社，還向公共服務部（United States Department of Human Services）屢屢投訴，並使電話公司涉及數起訴訟。

最後，公司中一位最富技巧的「調解員」被派去訪問這位暴戾的顧客。

到了顧客那裡，這位「調解員」彬彬有禮，靜靜地聽著，讓這位好爭論的老先生淋漓盡致地發洩他的牢騷，並對其表示同情。

「他喋喋不休地說著，我靜聽了差不多三小時。」這位「調解員」後來敘述道，「以後我再次到他那裡，繼續聽他發牢騷。我共訪問了他四次。在第四次訪問完畢以前，我已成為他正在創辦的一個組織會員，他稱之為『電話使用者保障會』。我現在仍是該組織的會員。有意思的是，就我所知，除老先生以外，我是世上唯一的會員。

「在這幾次訪問中，我靜靜傾聽，並且同情他所說的一切。我從未像電話公司其他人那樣向他解釋、爭辯，他的態度也變得友善了。我圓滿地結束了這一事件，使所有的帳款都付清了，並且第一次撤銷了他向公共服務部對電話公司的投訴。」

事後，公司對這位高明的調解員的技巧進行了分析，發現它其實很簡單，那就是：誠懇地傾聽。

✎ 感悟

　　比較挑剔的人，甚至是最激烈的批評者，常常會在一個有耐心和同情心的靜聽者面前軟化降服。在商務領域，這是解決客戶糾紛乃至衝突的最有效辦法，屢試不爽，在其他人際關係領域也是如此。

✎ 格言

　　在談話藝術中，沉默和謙遜是兩種非常可貴的素養。

　　　　　　　　　　　　　　　—— 蒙田（Michel de Montaigne）

‖ 真誠地對別人表示關注，你就可能有意外收穫

　　幾年前，法蘭克（Frank Bettger）和戴爾·卡內基先生做過一次橫跨美國的巡迴演講，演講期間，他們每週五個晚上向數百位聽眾演講。聽眾們都急切希望藉此來改善自己與他人相處的能力。各行各業的聽眾都有，有速記員、教師、經理、家庭主婦、律師、業務員。

　　在此之前，法蘭克從沒有做過演說，他一直從事保險銷售。演講結束回到家中，法蘭克急切要做的兩件事是，一是繼續搞保險銷售，二是向人們講述那令人激動的感受。

　　打電話的第一個人是費城牛奶公司的總裁，以前法蘭克和他做過一筆小小的生意。他很願意見法蘭克。當法蘭克在他面

前就坐後，他遞給法蘭克一支香菸說：「法蘭克，講講你的巡迴演講吧！」

「當然，」法蘭克說，「不過我更想知道你的一切，近來在做些什麼？家人怎麼樣？生意還好嗎？」

法蘭克聽他說著家人和生意。後來他說到前一天晚上他和妻子與朋友打牌的事，那次他們玩的是一種叫「紅狗」的玩法 —— 法蘭克以前從沒有聽過這種玩法。此時法蘭克倒是想把自己巡迴演講的事向他說說，但隨著他解釋「紅狗」的玩法，法蘭克也樂了，那真是能給人帶來許多樂趣。

在法蘭克起身要離開時，他說：「法蘭克，我們正在考慮工廠管理人員的保險，28,000 美元夠嗎？」

法蘭克絲毫沒有機會講自己的事，可他卻得到了一份訂單，這份訂單可能還是其他業務員剩下的。

✎ 感悟

在與別人交談時，如果我們能做一名好聽眾，真誠地對別人表示關注，急切地想聽他的訴說，這樣可能會有意外的收穫。因為人人都渴望被尊重。

✎ 格言

推心置腹的談話就是心靈的展示。

—— 卡維林（Veniamin Kaverin）

電子書購買　　爽讀 APP

國家圖書館出版品預行編目資料

探索內在潛能！境況不盡如人意，就在逆境中
前行：擺脫心理牢籠 × 打破自我局限 × 學會
自我減壓，從情緒管理到人際相處，做個成熟
愉快的大人 / 吳雅麗 編著 . -- 第一版 . -- 臺北市
: 崧燁文化事業有限公司 , 2024.02
面；　公分
POD 版
ISBN 978-626-357-970-5(平裝)
1.CST: 自我實現 2.CST: 成功法
177.2　　113000186

探索內在潛能！境況不盡如人意，就在逆境
中前行：擺脫心理牢籠 × 打破自我局限 ×
學會自我減壓，從情緒管理到人際相處，做
個成熟愉快的大人

臉書

編　　　著：吳雅麗
發 行 人：黃振庭
出 版 者：崧燁文化事業有限公司
發 行 者：崧燁文化事業有限公司
E - m a i l：sonbookservice@gmail.com
粉 絲 頁：https://www.facebook.com/sonbookss/
網　　　址：https://sonbook.net/
地　　　址：台北市中正區重慶南路一段六十一號八樓 815 室
Rm. 815, 8F., No.61, Sec. 1, Chongqing S. Rd., Zhongzheng Dist., Taipei City 100, Taiwan
電　　　話：(02) 2370-3310　　　傳　　　真：(02) 2388-1990
印　　　刷：京峯數位服務有限公司
律師顧問：廣華律師事務所 張珮琦律師

-版權聲明

定　　　價：375 元
發行日期：2024 年 02 月第一版
◎本書以 POD 印製

獨家贈品

親愛的讀者歡迎您選購到您喜愛的書，為了感謝您，我們提供了一份禮品，爽讀 app 的電子書無償使用三個月，近萬本書免費提供您享受閱讀的樂趣。

ios 系統

安卓系統

讀者贈品

請先依照自己的手機型號掃描安裝 APP 註冊，再掃描「讀者贈品」，複製優惠碼至 APP 內兌換

優惠碼（兌換期限 2025/12/30）
READERKUTRA86NWK

爽讀 APP

📖 多元書種、萬卷書籍，電子書飽讀服務引領閱讀新浪潮！

🎧 AI 語音助您閱讀，萬本好書任您挑選

🔍 領取限時優惠碼，三個月沉浸在書海中

🔔 固定月費無限暢讀，輕鬆打造專屬閱讀時光

不用留下個人資料，只需行動電話認證，不會有任何騷擾或詐騙電話。